INHALTSVERZEICHNIS

ZUM GEBURTSTAG

Wenn es ihn nicht gäbe, müsste man ihn erfinden. Doch wer könnte das? So hat der gute Gott vor 70 Jahren durch das Ehepaar Kett einem kostbaren Menschen das Leben geschenkt. Sie gaben ihm den Namen Franz. Und wirklich: Der heilige Franziskus wurde ihm im Tun und Denken ein treuer Begleiter.
Im Laufe seines Lebensweges bekam Franz Kett viele Aufgaben:
Er wurde Ehemann, Vater und Großvater, Lehrer und Wegbegleiter, Erzieher und Seelsorger, Schriftsteller und Geschichtenerzähler, Reisender und Musikant, Zuhörer und Fürsprecher, Kursleiter und vieles andere mehr. Er ist ein begeisterter Pädagoge und ein begeisternder Verkünder eines liebenden Gottes.
Er kann Herzen und Horizonte weiten, Höhen und Tiefen durchleben, Kindern und Erwachsenen die Sinne öffnen, prophetisch und lebensnah reden, Erdverbundenheit und Spiritualität miteinander verbinden, Menschen in Bewegung bringen und zur Ruhe führen, Etablierte und Zweifler zum Nachdenken bringen, Junge und Alte im Innersten anrühren.
Wir haben ihn kennen und schätzen gelernt und sind von Herzen dankbar dafür.

Zum 70. Geburtstag
wünschen wir Gottes guten Segen
für viele weitere Jahre!

Thomas Brunnhuber Margot Eder Irmgard Kindl

im Namen aller Mitarbeiterinnen und Mitarbeiter

EINFÜHRUNG

Das Jahr der Bibel hat in vielen Menschen den Blick geschärft für die Schätze, die in den Heiligen Schriften der Juden und Christen verborgen sind. Die Bibel ist ein faszinierendes Buch und gilt allgemein als „Buch der Bücher". Mit etwa 21 Millionen Exemplaren pro Jahr hat sie weltweit eine größere Auflage als jedes andere Buch. Sie wurde in mehr als 2200 Sprachen übersetzt.
Die Bibel ist ein interessantes Buch: Sie vereint das Sehnen, Suchen und Finden vieler Generationen gläubiger, zweifelnder, hoffender Menschen in historischen Berichten, Gesetztestexten, prophetischen Worten, Weisheitsliteratur, Poesie und Briefen. Sie beschreibt den Weg des Glaubens des Volkes Israel mit seinem Gott Jahwe und entfaltet ein Bild von der Herrlichkeit Gottes in Jesus, unserem Erlöser. Die Bibel weist die Richtung für die Gemeinde Jesu Christi bis heute. Deswegen ist sie für uns Christen hochaktuell!
Alle sind wir gut beraten, einmal in einer stillen Stunde das Buch der Bücher zur Hand zu nehmen, zu lesen, nachzudenken, zu meditieren...
Mit vorliegendem Heft möchten wir einen Beitrag dazu leisten, wie mit Kindern, Jugendlichen und Erwachsenen auf ganzheitliche Weise Zugänge zu diesem Heiligen Buch eröffnet werden können.
Dabei geht es uns um Zugänge, die Herz, Hand und Verstand gleichermaßen bewegen wollen, die den Menschen als Ganzes betreffen, die erfahrbar machen wollen, dass biblische Gestalten und Haltungen für unser gegenwärtiges Leben bedeutsam sind. Es geht uns um die Vermittlung von Glaubenserfahrungen, die ansteckend, tröstend, hilfreich, begeisternd sind.
In den einzelnen Beiträgen bedenken und vollziehen wir Haltungen, die zum Staunen und zur Ehrfurcht vor dem Wort Gottes anregen. Wir eröffnen Einblicke, wie moderne Erziehungsziele sich speisen lassen aus dem biblischen Gottesbild. Und wir kommen immer wieder auf einen Kernsatz biblischer Botschaft zurück: Du bist mein geliebtes Kind.
Die Liebe Gottes zu den Menschen durchzieht die gesamte Heilige Schrift. Sie ist letztlich der Beweggrund für uns als Erziehende, mit Geduld, Engagement und Zuneigung den uns anvertrauten Menschen zu begegnen. Diese Liebe möchten wir weitergeben und wachsen lassen.
Wir danken den Autorinnen und Autoren für ihre Beiträge, Monika Molnar für die Illustrationen, Thomas Brunnhuber für den Notensatz und Sr. Marie Lucia Moon für die Gestaltung der zum Heft erschienenen Bildermappe, aus der das Titelbild stammt.
Wir wünschen Ihnen gute Erfahrungen im Umgang mit der Bibel!

Margot Eder

DIE BIBEL – EIN BUCH WIE KEIN ANDERES!

Die Bibel, was hat sie uns heute noch zu sagen? Die Bibel, ein uraltes Buch mit Texten, die zwischen 1900 und 3000 Jahre alt sind, will wegweisend für unseren Glauben und unser Leben sein!?
Viele Menschen finden die Bibel langweilig und bedeutungslos oder finden keinen Zugang zu den biblischen Texten. Ist da nicht eine Kluft zwischen den biblischen Texten und unserer Lebenswelt?

Ein Buch aus vielen Büchern

Dabei ist die Bibel für uns Christen Grundlage unseres Glaubens, Ausgangspunkt und Richtschnur für den Einzelnen und für die Glaubensverkündigung der Kirche. Sie ist nicht nur lesenswert, sondern Grunddokument, Grundurkunde unseres Glaubens und der Kirchen.
Zunächst gilt es zu entdecken, dass die Bibel kein einheitliches Buch aus einem Guss ist, sondern eine Sammlung von 73 Einzelschriften unterschiedlichen Umfangs, aus den verschiedensten Zeitepochen über einen Zeitraum von 1000 Jahren.
Die Bezeichnung Bibel wird aus dem griechischen Wort „biblia“ über das Lateinische abgeleitet. Es ist eine Übersetzung des hebräischen Wortes „Ha-Sefarim“ – die Bücher. Die Bibel besteht auch nicht aus 2 Büchern, dem Alten Testament und dem Neuen Testament. Die Bibel enthält eine ganze Bibliothek, ursprünglich Buchrollen, mit 46 Schriften des Alten Testaments und 27 Schriften des Neuen Testaments.
Die 46 Bücher des Alten Testaments haben wir Christen vom Judentum übernommen. Es ist die Bibel Jesu. Weil unsere christlichen Schriften des neuen Testaments das Alte Testament nicht ersetzen wollen und können, sondern weiterführen, wird die Hebräische Bibel heute auch das „Erste Testament“ genannt. Sie hat grundlegende Bedeutung für uns Christen und verbindet uns auf einzigartige Weise mit dem Judentum. Einige Spätschriften (Tobit, Judit, Makkabäer, Weisheit, Jesus Sirach, Baruch…) fanden nur Eingang in die griechische Übersetzung – die Septuaginta – des Alten Testaments.
In der Bibel sind Schriften gesammelt, die in unterschiedlichen Textarten bzw. literarischen Gattungen Glaubenserfahrungen bezeugen. Es gibt u.a. die prophetische Literatur (z.B. Jesaja, Amos…), Weisheitsliteratur (z.B. Kohelet), Lieder, Gebete (Psalmen, Klagelieder), Sagen (Patriarchenerzählungen, Buch Genesis 12–35), Novellen (Ruth, Judith, Ester), Geschichtsbücher (Könige, Chronik, Samuelbücher), Dichtung (Ijob, Hoheslied), Gesetzestexte (z.B. Levitikus) und apokalyptische Literatur (Daniel). Dabei gilt es noch zu berücksichtigen, dass viele Schriften im Laufe der Zeit weiter bearbeitet worden sind. Neues ist hinzugekommen, ohne dass das Alte gestrichen wurde. In neuen Situationen wurde neu formuliert, ergänzt, erweitert. Vergleicht man ein biblisches Buch mit einer Wohnung,

so enthält diese Mobiliar aus unterschiedlichen Zeitepochen und Stilrichtungen.
Im neuen Testament wird uns das Wirken Jesu in den 4 Evangelien erzählt und die Welt der Urkirche, die durch ihn entstanden ist in der Apostelgeschichte, den 21 Briefen und dem Buch der Offenbarung überliefert. In den Evangelien selbst finden wir wiederum unterschiedliche literarische Formen, wie z.B. Reden, Erzählungen, Gleichnisse, Wundererzählungen.

Ermutigung zum Leben

Allen biblischen Texten ist gemeinsam, dass sie nicht aufgeschrieben wurden, um uns über vergangene Zeiten zu informieren und zu belehren. Die Verfasser wollten damals und heute den Glauben stärken. Sie wollten ermutigen, den Lebensweg im Vertrauen auf den Gott zu gehen, der sich als Jahwe, als „Ich bin da für euch“ (Buch Exodus 3,14) erweist.
Das bedeutet nicht, dass die Bibel keine historischen Fakten enthält, aber sie ist kein Geschichtsbuch in unserem Verständnis, das uns über die Zeitgeschichte des Alten Orients und der Geschichte Israels informieren will, sondern ein Glaubensbuch, ein Bekenntnis zum lebendigen Gott.
Weil das Leben zu allen Zeiten so vielfältig ist, sind auch die biblischen Texte so bunt und unterschiedlich. Alles, was Menschen bewegt, was sie erleben, Höhen und Tiefen, Hass und Liebe, Krieg, Unrecht, Ausbeutung und Frieden, Freundschaft, Versöhnung, Zweifel und Glaubensfreude, Vereinsamung und Solidarität, wird in Geschichten erzählt und von Generation zu Generation weitergegeben. Erfahrungen, die Menschen untereinander und mit dem Gott der Bibel gemacht haben, werden so im Laufe der Zeit, oft nach einem langen mündlichen Überlieferungsprozess, in Geschichten verdichtet. Dies macht die Bibel so lebendig, weil sie vom Leben und dem lebendigen Gott erzählt. Hier ist zu spüren: Die Bibel erschließt uns den Sinn des Lebens, sie ist ein heilsames Angebot, sie bestärkt, sie tröstet, sie ermutigt, sie ermahnt, sie korrigiert und konfrontiert mit Lebensweisen, die nicht lebensfördernd sind.
Die Bibel will Antwort geben auf die Grundfragen dieser Welt und des Lebens. Wer ist der Mensch? Wie gelingt Leben? Wie können wir im Leid bestehen? Wie können Menschen in Frieden und Solidarität miteinander leben? Worauf kommt es Gott an? Was ist sein Wille, seine Sehnsucht usw.?

Menschen bezeugen: Gott wirkt

Die Antworten der Bibel sind dabei oft vielfältig, nicht in einer Formel ablesbar, weil in ihr der ganze Schatz der mehr als 1000-jährigen Glaubens- und Lebensgeschichte des Volkes Israel, der Jesusgeschichte und der Urkirche aufbewahrt und weitergegeben wird. Aber auf jeder Seite der Bibel kommt Gott ins Spiel: „Und Gott sah, dass es gut war.“ „Gott, mein Gott, ich rufe zu dir.“ „Und Gott sprach.“ „Gott, mein Gott, warum hast du mich verlassen?“ „Abba, Vater!“ „Ich werde euer Gott sein, ihr seid mein Volk!“

So unterschiedlich und so fremd, ja ärgerlich manche biblische Texte heute uns erscheinen mögen, eines haben sie gemeinsam: Hinter ihnen stehen Menschen, die daran glauben, dass Gott in dieser Welt wirkt, im Großen wie im Kleinen. Dieses Gotteszeugnis wird nicht abstrakt oder theoretisch vermittelt, sondern von Menschen, die sich von Gott und/oder Jesus ergreifen ließen und für die dieses Ereignis für ihr Leben relevant wurde. Als von Gott Begeisterte und von Jesus Bewegte erzählen und schreiben sie, um andere zu begeistern und zu bewegen oder sie vor Irrwegen zu warnen. Als Begeisterte und Bewegte können sie nicht rein objektiv, sachlich, distanziert bleiben, sondern sie wollen andere ermutigen, sich zu trauen und ihr Leben auf Gott zu bauen und mit ihm zu rechnen. Letztlich sind alle biblischen Schriften Variationen der Grunderfahrung, die das Erste Testament im Gottesnamen: „Er ist da, er wird da sein" gebündelt hat und das Neue Testament im Bekenntnis „Jesus Christus ist der Herr" zusammenfasst.
Da die Botschaft wichtig und entscheidend ist, können die Verfasser der biblischen Bücher hinter die Botschaft zurücktreten. Oft wissen wir nur sehr wenig von den Autoren und müssen das Wenige aufgrund der Texte erschließen. Keiner der Verfasser stellt sich selbst in den Mittelpunkt.

Gottes Wort – ein Schatz

Weil die biblischen Schriften in einer anderen Zeit, in einem anderen Kulturkreis entstanden sind, ist es wichtig, die biblischen Texte in einem ersten Schritt zu befragen, in welchen Situationen und mit welchen Absichten sie entstanden sind. Es gilt, die Welt des Orients in den Blick zu nehmen und die Philosophie der Antike, die u.a. das Denken und Schreiben der biblischen Autoren geprägt hat, zu bedenken. Dies ist Aufgabe der historisch-kritischen Exegese (Bibelauslegung), die in den letzten Jahrzehnten durch andere Zugänge wie Tiefenpsychologie, feministische Theologie, Sprachwissenschaft ergänzt wurde.
In einem zweiten Schritt gilt es zu entdecken, was darin zeitlos gültig ist und was der biblische Text uns heute sagen kann, wo er uns berührt, zu Herzen geht, unter die Arme greift, uns ermutigt, unser Gottvertrauen stärkt, uns hilft, in der Spur Jesu zu bleiben.
In einem dritten Schritt können wir erschließen, wie konkrete Veränderungen oder Kurskorrekturen im Alltag die biblische Botschaft mit Leben erfüllen. Der Reichtum der Bibel liegt in ihrer Vielfalt, in der Vielzahl ihrer Blickweisen. Je nach Lebenssituation wird uns ein anderer Text ansprechen und begleiten. Diesen Schatz gilt es zu entdecken. Dabei kommt es nicht darauf an, alle biblischen Texte zu verstehen, sondern das, was begriffen wird, zu leben.
Die Bibel ist trotz aller Schwierigkeiten ein faszinierendes Buch. Wir nennen sie die Heilige Schrift und verehren sie, weil sie kostbar, ehrwürdig und uns heilig ist. Im Wort bezeugt sie, dass Gott heilend, rettend, aufrichtend, verheißend, erneuernd und begleitend da ist. Muss diese Botschaft nicht weitererzählt und bezeugt werden?

MENSCH – SEIN IM LICHTE DER BIBEL

Noch ehe du im Mutterleib geworden bist, habe ich dich gekannt Jer 1, 5

Zur Welt gekommen, als Kinder, sind wir hilflos und angewiesen auf Menschen, die unser Leben zulassen, unterstützen, bejahen. Wir sind verwiesen auf ein DU. Nur in Beziehung können wir überleben. Bereits im Mutterleib prägt sich diese Erfahrung ein. Wir leben mit diesem mütterlichen Du noch in Symbiose, gestalten uns aus in ihm und durch es. Ans Licht der Welt gekommen, von dieser symbiotischen Einheit abgenabelt, beginnt der Prozess, den Martin Buber beschreibt: Ich werdend spreche ich DU.

Im Gegenüber lernen wir die Vielfalt des Lebens kennen, müssen wir das Wechselspiel von Geben und Empfangen akzeptieren. Im anderen Menschen begegnen wir anderen Meinungen und Weltanschauungen. Mit anderen Menschen müssen wir lernen zu streiten und Frieden zu schließen. In der Begegnung mit der Schöpfung können Menschen sich selbst als Teil eines großen Ganzen wahrnehmen.

Im DU lernen wir uns aber auch selber kennen. Individualität entwickelt sich durch Beziehung, durch Abgrenzung, durch Eigenständigkeit und durch die Herausforderungen, die sich aus der Begegnung mit anderen ergeben. In der Auseinandersetzung mit anderen erkennen wir unsere Stärken und Schwächen. In Gespräch und Diskussion weitet sich unsere Denkfähigkeit und unser kritisches Hinterfragen. In der liebenden Zuwendung entfaltet sich unsere Energie und unsere eigene Liebesfähigkeit. In der Beziehung zu allem, was uns umgibt, liegt die Chance zur Entwicklung eigener Persönlichkeit. In der Wahrnehmung dessen, dass ich selbst als DU angesprochen werde, zeigt sich uns Menschen vielfach Sinn und existenzielle Bejahung des eigenen Daseins.

Immer aber werden und sind wir getragen, gehalten von dem DU, das wir Gott nennen und das uns von Uranfang kennt: „Noch ehe du im Mutterleib geworden bist, habe ich dich gekannt."

Stell dich auf deine Füße, Menschensohn, ich will mit dir reden. Als Gott das zu mir sagte, kam der Geist in mich und stellte mich auf die Füße Ez 2, 1–2

Wir sind als Menschen ins Dasein gerufen. Als ICH und DU erleben wir uns in unserer Individualität und in unserer Sozialität. Wir erleben uns als Existenz, d.h. als Seiende, zu denen man sagen kann: „Du bist da!"

Wir werden nicht gefragt, ob wir leben wollen. Der Zeitpunkt und die Umstände unserer Geburt sind nicht in unsere Entscheidung gelegt. Wir können uns weder das Jahrhundert, noch das Land, noch unsere Eltern aussuchen. Ab dem Zeitpunkt unserer Zeugung ist es unsere Aufgabe, dem Leben, das wir erhalten, gerecht zu werden. Es wird zur Lebensaufgabe, dem

Zuspruch: „Du lebst!“, zu antworten. So wirkt bereits im Neugeborenen eine ungeheuere Lebenskraft und Lebenslust, die es treibt, das Leben zu bewältigen, in die Hand zu nehmen. Diese Lebenslust trägt, sofern sie nicht durch widrige Umstände zerstört wird, durch alle Entwicklungs- und Reifungsprozesse des Menschen hindurch. Sie ist gleichsam immer wieder Impuls, der auch in Krisenzeiten durchhalten hilft, der immer wieder sagt: „Du bist da. Also lebe!“

Dergestalt ins Leben gerufen, erleben wir nicht nur die uns umgebende Welt mit allen Geschöpfen als DU, sondern treten auch immer wieder mit uns selbst in einen Dialog. Wir befragen uns nach unseren Lebensplänen, nach unseren Fähigkeiten, nach unseren Zielen. Wir fragen uns nach unserem Sinn. Wir erleben uns als Menschen, die im Leben stehen, mit beiden Beinen auf dem Boden sind. Wir nehmen uns selbst wahr, wenn wir in Meinungsverschiedenheiten und Diskussionen um einen eigenen Standpunkt ringen, wenn wir in kritischen Situationen standhaft bleiben und wahrhaftig. Dann sind wir selbst-ständig, entwickeln Selbstwertgefühl und Achtung vor uns selbst. Wir können zu uns selber stehen.

Mit beiden Füßen im Leben stehen, zu sich selber stehen, selbständig sein..., das sind Grundhaltungen des Lebens, die innere Freiheit fördern und uns Menschen Halt geben. In dieser Weise gehalten, werden wir fähig, zur aufrichtigen Haltung zu kommen. Die aufrechte Haltung lässt uns den Grund spüren, der uns trägt. Sie lässt den Atem frei fließen, der uns am Leben hält. Manchmal werden wir uns aufraffen müssen und einen Aufstand machen, wenn wir Ungerechtigkeit und Herabwürdigung erfahren. Auch darin erweisen wir uns als zu uns selber und zu anderen stehend. Darin erweisen wir uns als anständig und zuständig für das Wohl des Menschen. Dann können wir am Abend jedes Tages und am Abend unseres Lebens zum Vergangenen stehen – voll Dankbarkeit für das Lustvolle und Frohe, voll Gelassenheit über das, was wir uns anders gewünscht hätten.

Als gläubige Menschen verbinden wir diese Standfähigkeit vielleicht mit der Zusage aus dem Propheten Ezechiel, wie sie im Alten Testament so beeindruckend zu finden ist: „Stell dich auf die Füße, Menschensohn, ich will mit dir reden. Als Gott das zu mir sagte, kam der Geist in mich und stellte mich auf die Füße.“ (Ez 2, 1–2)

Manchmal erleben wir uns aber auch als Menschen, die ins Dasein geworfen sind. In schweren Lebenssituationen erscheint es uns plausibel zu sagen: „Mein Leben hat keinen Sinn.“ Wenn wir schuldig geworden sind oder vor den Scherben unserer Hoffnungen und Wünsche stehen, erleben wir die Gebrochenheit menschlicher Existenz.

Wir begegnen dem Leid in vielfachen Ausprägungen, im persönlichen Erleben, im gesellschaftlichen Umfeld und im weltweiten Gefüge. In den Medien werden uns Verbrechen, Grausamkeiten, Katastrophen und Kriege frei Haus

geliefert, die Abgründe menschlichen Daseins sichtbar machen. Sie lassen uns zweifeln, manchmal gar verzweifeln.
Wir werden konfrontiert mit der Endlichkeit allen Lebens, mit dem Tod. Wir sehen, wie er Menschen trifft, die uns unbekannt sind. Wir erleben aber auch, wie er geliebte Menschen von unserer Seite reißt und großen Schmerz verursacht. Und wir müssen dessen gewiss sein, dass er einmal auch uns selbst betreffen wird.
Philosophen haben sich immer wieder gefragt, wie Menschen angesichts ihrer Begrenztheit dennoch fähig sind, zu leben. In einem Gedicht, das in vielen Krisensituationen wie ein Stoßgebet zum Himmel geschickt wird, heißt es:

Ich kam, weiß nicht woher,
Ich bin und weiß nicht wer,
Ich leb, weiß nicht wie lang,
Ich sterb, und weiß nicht wann,
Ich fahr, weiß nicht wohin,
Mich wundert`s, dass ich fröhlich bin.

Der, der uns vom Mutterleib an kennt, der uns den Geist sendet und uns auf unsere Füße stellt, gibt uns Vertrauen in unser Dasein, so dass wir obigen Vers mit Hans Thoma weiterführen können:

Da mir mein Sein so unbekannt
Geb ich es ganz in Gottes Hand! –
Die führ es wohl, so her wie hin,
Mich wundert`s, wenn ich noch traurig bin.

Du schonst alles, weil es dein Eigentum ist, Herr, du Freund des Lebens Weish 11, 26

Vom Anfang unseres Lebens an sind wir Menschen jemandem zugehörig. Wir gehören zu einer bestimmten Mutter, zu einer bestimmten Elternfamilie, zu einem bestimmten Volk und Land usw.
Noch vor 30 bis 40 Jahren wurden Kinder gefragt: „Wem gehörst denn du?“, um ihre Elternfamilie und damit ihren Heimatort zu erfragen. Zu Recht haben Pädagogen und Psychologen darauf hingewiesen, dass in einer solchen Anrede ein gewisser Besitzstand impliziert sein könnte, der abzulehnen ist. Kinder, Menschen sind Niemandes weltlicher Besitz. Dennoch wird der Wunsch nach Zugehörigkeit von der Psychologie nicht angezweifelt. Neuere Forschungen zur Genealogie und zum biographischen Arbeiten bestätigen dies. Mit Zugehörigkeit ist natürlich mehr gemeint als eine reine äußere Verortung. Mit Zugehörigkeit ist Beheimatung, innere Bindung, emotionale Verknüpfung und stabile Geborgenheit gemeint. Fehlt uns diese Zugehörigkeit, erleben wir dies als großen Mangel, der oft zeitlebens nicht verwunden wird.

Für die ganzheitliche Bildung des Menschen ist sie von komplexer Bedeutung. Johannes Röser beschreibt sie in der Zeitschrift *Christ in der Gegenwart,* Heft 51/ 2000 folgendermaßen: „Es gibt deutliche Zusammenhänge zwischen der Lernfähigkeit, dem Verhalten und der emotionalen Kompetenz der Heranwachsenden und der seelisch-geistigen Zuwendung ihrer Eltern. Mehr noch: Die gesamte organische Entwicklung des Gehirns, der Aufbau komplexer Verknüpfungen zwischen den über zehn Milliarden Nervenzellen – zum Teil mehrere zehntausendfach miteinander verschaltet – hängt wesentlich davon ab. Die alte Vermutung lässt sich mehr und mehr durch die Hirnforschung beweisen: Grund-Geborgenheit erleichtert das Lernen, verbessert die Leistungen des Gehirns – nicht nur rational-kognitiv, sondern auch emotional-sozial, was wieder zurückwirkt."
In manchen elterlichen und großelterlichen Worten äußert sich solche Geborgenheit, die uns Menschen zeigen möchte, wohin wir gehören: „Du bist mein Schatz. Du bist mein Sonnenschein. Du bist mein Liebling."
Fragende Menschen suchen nach dem Grund solcher Aussagen. Ist es die Liebe zwischen Eltern und Kindern? Oder ist es noch mehr? Wo bleiben jene Kinder, deren Eltern keine emotionale Zuwendung geben, keine Zugehörigkeit wünschen? Wer spricht zu ihnen? Wo finden sie Zugehörigkeit und Heimat?

Die Heilige Schrift gibt uns darauf viele Antworten. Sie spricht immer wieder davon, dass Gott alle Menschen liebt, sie annimmt, sie wertschätzt. Im Alten Testament lesen wir an vielen Stellen, dass Gott alle seine Geschöpfe bejaht und als sein Eigentum behütet und bewahrt. „Du schonst alles, weil es dein Eigentum ist, Herr, du Freund des Lebens." (Weish 11, 26) „Sie werden an dem Tag, den ich herbeiführe ... mein besonderes Eigentum sein." (Mal 3, 17) „Du umschließt mich von allen Seiten und legst deine Hand auf mich." (Ps 139, 5) „Der du die Völker liebst: In deiner Hand sind alle Heiligen eines jeden von ihnen." (Dtn 33, 3) „Fürchte dich nicht, denn ich habe dich ausgelöst, ich habe dich beim Namen gerufen, du gehörst mir." (Jes 43, 1)

Du bist mein geliebtes Kind
Mk 1,11

Kindsein, Kindheit, was ist damit gemeint?
Kindheit ist in unserer postmodernen Welt großen Veränderungen unterworfen. Man spricht von einer Individualisierung der persönlichen Lebensführung und von einer Pluralisierung der Lebenslagen, die durch den weitreichenden sozio-kulturellen und religiösen Wandel hervorgerufen wurden. Traditionelle Bindungen und ehemals prägende Sozialstrukturen befinden sich in einem tiefgreifenden Umformungsprozess. Für die Alltagssituationen von Kindern wurde darin eine zunehmende Verarmung kindlicher Lebenswelten auf verschiedenen Erfahrungsebenen diagnostiziert.

(vgl. Norbert Mette: Religionspädagogik, Düsseldorf 1994)
So erleben Heranwachsende in einer oft unheilen und von Gewalt geprägten Welt vielfach nur sehr eingeschränkt Lebensräume und Begebenheiten, in denen sie Liebe, Ermutigung und Zuspruch zu einem erfüllten Dasein bekommen. Vielmehr werden schon die Kinder in unterschiedlichsten Formen von Wirtschaftsinteressen, Machtspielen und Manipulationspraktiken bedrängt.
Kindheit ist aber auch eine Erfahrung, die Menschen jeder Altersstufe prägt. Wir alle haben unsere Kindheit in unserer je individuellen Lebenssituation erlebt, mit negativen und positiven Ausprägungen. Sie hat uns geformt und zu dem Erwachsenen werden lassen, der wir heute sind. Eine Grunderfahrung scheint, unabhängig von jeglichen Veränderungen, kontinuierlich gleich zu bleiben: Jeder Mensch sehnt sich nach Liebe, Anerkennung, Achtung, Würde, Geborgenheit, Frieden und Gerechtigkeit.
Jede Kindheit wird von uns Erwachsenen im Rückblick nach diesen Kriterien beurteilt. Wir forschen in unserer Kindheit nach, ob wir uns an Erfahrungen erinnern können, die uns gezeigt haben, dass wir als Kind und Mensch wertvoll und geschätzt sind, ohne einen besonderen Leistungswert erfüllen zu müssen.

Wiederum stellt die Bibel viele menschliche Maßstäbe auf den Kopf. Sie stellt uns ein Gottesbild vor Augen, das dieser zutiefst kindlichen Sehnsucht entgegenkommt. Sie erzählt in vielen Bildern und Geschichten von der bedingungslosen und uneingeschränkten Liebe Gottes zu den Menschen.
Jesus bringt in seiner Botschaft von der Gotteskindschaft noch einmal eine geradezu revolutionäre Aufwertung der kindlichen Existenz ins Bewusstsein. Er zeigt im Kindsein das Angewiesensein auf andere, die Hilfsbedürftigkeit und Offenheit für Gottes Nähe auf, die für die Liebe Gottes und damit für das Himmelreich bereit macht. Er stellt im Matthäusevangelium ein Kind in die Mitte und sagt: „Wenn ihr nicht umkehrt und werdet wie die Kinder, könnt ihr nicht in das Himmelreich kommen. Wer so klein sein kann wie dieses Kind, der ist im Himmelreich der größte.“ (Mt 18, 1f)
Im Kindsein ist keine Macht und gerade deshalb wird es zum Vorbild für die von Jesus gemeinte Jüngerschaft. Indem wir Menschen klein und wehrlos sein können wie ein Kind, wird uns die Gottesherrschaft zugesagt. Und sie will jetzt und heute wirklich werden. Jesus betont: „Diesen Kleinen gehört das Reich Gottes.“ (Mt 19, 14) Es ist keine zukünftige, sondern eine gegenwärtige Wirklichkeit.

In der Frohen Botschaft gibt Jesus an uns weiter, was er selbst empfangen hat. Bei der Taufe am Jordan hört er die Stimme Gottes und seine Berufung. Dies ist der Sinn seines Lebens: „Du bist mein geliebter Sohn. An dir habe ich Gefallen gefunden.“ (Mk 1,11) Dies mag auch der Sinn unseres Lebens sein, Gottes geliebte Töchter und Söhne zu sein.

DIE BIBEL ALS BUCH DES LEBENS ENTDECKEN

Im **Jahr der Bibel** betrachten wir sie als Buch des Lebens, als Buch, das von Gottes Liebe zu seiner ganzen Schöpfung und darin vor allem von Gottes Liebe zum Menschen erzählt. Wir können sie als Sakrament verstehen, Sakrament des Wortes, in gewissem Sinne auch als Gestaltwerdung, Fleischwerdung des Wortes. „Und das Wort ist Fleisch geworden." Als Niederschrift der Geschichte Gottes mit seiner Schöpfung, als „Sakrament," Gegenwart seiner Verheißungen und Heilstaten, werden wir dem Buch mit entsprechender Haltung begegnen, mit Wertschätzung und Ehrfurcht.
In der **folgenden Einheit** soll die Bibel als Schatzbuch entdeckt werden. Sie ist in sich ein Schatz an Weisheit und Lebenswissen und sie gibt Anleitung, den größten Schatz zu entdecken, den es gibt: Gott, der spricht: „Ich liebe alle, die mich lieben und wer mich sucht, der wird mich finden" (Spr 8, 17). Als Schatzbuch in dieser doppelten Hinsicht gibt sie Hoffnung, schenkt sie Trost, eröffnet sie Antworten, bedeutet sie Wegweisung besonders in Zeiten des Suchens und Fragens nach Sinn. Sie vermag ein Heils-buch zu sein, das zu gelingendem Leben anleitet.
Was die **Textauswahl** betrifft, gibt es schier unzählige Möglichkeiten. Es finden sich einzelne Worte oder Sätze, die uns betroffen machen, Gebetstexte, die Freude und Leid des Menschen, sein Staunen, seinen Dank, seine Bitte, seine Verzweiflung zum Klingen bringen; Gestalten, in denen wir unsere eigene Existenz und die Führung durch Gott schauen können. Im Neuen Testament ist es Jesus, dem wir als Gottessohn, als Heiland begegnen; der uns als neuer Adam, d.h. als neuer Mensch gegenüber tritt, um uns als Weg, Licht, Lebensquelle zu begleiten in der Erfüllung dessen, was der Wille des Vaters ist.
Um die Vielfalt der Möglichkeiten aufzuzeigen, seien einige konkrete Beispiele genannt:

- „Dein Wort ist meinem Fuß eine Leuchte" Ps 119, 105.
- „Gott ist mein Hirte, nichts wird mir mangeln" Ps 22, 1.
- Psalm 148, den wir in dem Kirchenlied „Erfreue dich Himmel, erfreue dich Erde" wiederfinden.
- Die Verheißung Gottes an Mose im Buch Exodus 6, 6–8: „Sprich zu den Söhnen Israels: Ich bin der Herr. Ich befreie euch nun von dem Frondienst der Ägypter und reiße euch aus ihrer Sklaverei. Ich erlöse euch mit hochgerecktem Arme und gewaltigen Gerichten. Ich nehme euch mir zum Volk und bin euch ein Schutzgott. Da erfahret ihr, dass nur ich der Herr bin, euer Gott,der euch befreit vom Frondienst der Ägypter. Ich bringe euch dann in das Land, das ich Abraham, Isaak und Jakob durch feierlichen Schwur verheißen. Ich gebe es euch zum Erbbesitz, Ich, der Herr."
- Die Erzählung von der Segnung der Kinder durch Jesus bei Mk 10,13 und daraus vor allem der Satz: „Und er nahm die Kinder in seine Arme. Dann legte er ihnen die Hände auf und segnete sie."

Vor dem Hören, Schauen, Spielen und Gestalten, dem Anschauen einiger Texte wollen wir die Bibel erst einmal überhaupt als Buch, als Schatzbuch entdecken und mit ihr in Beziehung treten.

MATERIAL

- Schatzkiste, eventuell mit Samt ausgeschlagen
- Schöne Gesamtausgabe der Bibel oder für kleinere Kinder eine sog. Kinderbibel, der Einbanddeckel mit Goldfolie überzogen und Edelsteinen geschmückt, siehe Heft S. 21, 22, 63
- dunkelblaues oder weinrotes Rhythmiktuch
- Goldreifen und Goldzacken
- Klanginstrument wie Cymbel, Windspiel oder Triangel

ERLEBNISGESTALT

Einen Schatz entdecken

❍ Wir öffnen unsere Versammlung im Kreis mit dem Klang eines Instrumentes, werden still und hörend.

❍ Die Schatzkiste mit Bibel, eingehüllt in ein dunkelblaues oder weinrotes Rhythmiktuch, wird im Kreis getragen und einzelnen Kindern in die Hände gegeben.
- Sie erspüren das Gewicht, leicht oder schwer.
- Sie stellen Vermutungen an über den Inhalt.

❍ Das Tuch wird aufgeschlagen, die Schatzkiste kommt zum Vorschein, als solche deklariert, wird sie wieder einigen Kindern überreicht. Sie dürfen, sie haltend, sich vorstellen, welcher Schatz darin verborgen sein mag.

Es können alle anwesenden Kinder, mit oder ohne Schatzkiste in den Händen, zu einer Vorstellung und auch zur Äußerung dieser Vorstellung angeleitet werden.

❍ Die Schatzkiste wird geöffnet, ihr kostbarer Inhalt gehoben und schon auf Grund des Einbandes (Goldfolie und Edelsteine) als Schatz geschaut und bezeichnet. Das Buch findet später auf dem blauen bzw. roten Tuch in der Mitte des Stuhlkreises Platz.

Mit dem Schatz in Beziehung treten

Die Beziehungsnahme geschieht leiblich, durch Berührung. Sie geschieht gedanklich, wir hören von einem, der sich als Schatz suchen lässt. Indem es hochgehalten im Kreis getragen wird, widerfährt ihm ein wertschätzender Umgang. In der Begrüßung durch einen Hallelujavers wird der Schatz, das Wort Gottes gleichsam wie die Gegenwart Gottes selber gefeiert.

Konkret ist der Ablauf folgendermaßen:

- Der Leiter oder ein Kind trägt das Buch hoch erhoben im Kreis.

- Er tritt über das Buch mit jedem einzelnen Kind in Beziehung, d.h. er hält das Buch dem betreffenden Kind hin. Das Buch wirkt verbindlich, d.h. es verbindet Kind und Erzieher.

  Das Kind beschaut das Buch mit Augen und Händen. Es nimmt den Einband, den Schmuck in Hände und Augenschein. Welche Geschichten mögen darin stehen? Kenne ich schon welche? Was weiß ich von dem Schatz, von dem darin erzählt wird, von Gott?

Der Erziehende kann bei diesem Beziehungsvorgang so fragen. Er kann auch schon eine erste Inhaltsangabe geben, indem er auf den Einband verweist, auf die beiden Buchstaben, die ihn zieren: Alpha und Omega. Ihre Bedeutung wird genannt. Sie bedeuten soviel wie Anfang und Ende in der griechischen Sprache. Das Buch erzählt also von dem, der der Anfang und das Ende ist, von dem alles Leben kommt, zu dem alles Leben auch wieder zurückkehrt. Es erzählt von Gott, der groß und heilig ist. Das Buch selbst heißt Bibel, Heilige Schrift.

Es erzählt, wie Gott die Welt erschaffen hat, Pflanzen, Tiere und den Menschen. Das Buch enthält Gottes-, Menschengeschichten. Es erzählt, wie Gott zu den Menschen ist, wie er an ihnen handelt. Es erzählt, wie er Menschen aus der Not rettet, ihnen helfen möchte, dass ihr Leben gut wird, dass sie sich über ihr Dasein freuen. Es berichtet, dass Gott wie ein Vater, wie ein Hirte, wie eine gute Mutter ist. Es erzählt, wie Gott uns Menschen Jesus sendet, den Gottesmann, den Heiland. Es berichtet von seiner Geburt, wie Jesus erwachsen durch das Land zieht, heilt, gesund macht; wie er leiden, sterben muss, vom Tode aufersteht, wie er heimkehrt zum Vater im Himmel und uns den Geist sendet.

❍ Das Buch wird nach diesem Um-, Rundgang in der Kreismitte abgelegt.

❍ Größere Kinder werden schon selbst einiges Wissen zur Bibel haben. Wer weiß, wovon darin etwas geschrieben steht, eine Geschichte daraus kennt, Namen, die darin vorkommen usw., kann zur Mitte, zum Buch kommen, mit einem Klanginstrument ein Zeichen geben und sein Wissen kundtun.

Das Buch als Wort Gottes begrüßen und hören

❍ Der Leiter erklärt, dass wir Gott nicht so sehen, hören, ansprechen, berühren können, wie wir Menschen uns untereinander hören, sehen, anreden, berühren. Wir schauen und hören ihn mit den Augen und Ohren des Herzens. Es gab und gibt Menschen, die dafür in ihrem Herzen besonders bereit waren und sind, zu hören und zu schauen, wie Gott die Menschen liebt, wie er sie zum Leben führt. Sie haben das, was sie mit den Augen, Ohren des Herzens erfahren haben, niedergeschrieben. Und andere Menschen, die davon hören wollen, begrüßen dieses Heilige Buch, weil Gott selber in seinem Wort zu uns kommt. Dieses Grüßen wollen wir jetzt auch tun:

Text u. Melodie: Franz Kett

❍ Das Buch wird aufgeschlagen. Ein eingelegtes Band hilft, den gewählten Text gleich zu finden, z. B:
„Noch ehe ich dich im Mutterleib geformt habe, habe ich dich gekannt." Jer 1, 5
oder gleichsam als Antwort auf diesen Prophetentext:
„Gott, du bist es, der mich aus dem Schoß meiner Mutter zog, mich barg an der Brust meiner Mutter. Von Geburt an bin ich geworfen auf dich, vom Mutterleib an bist du mein Gott." Ps 22, 10–11

❍ Manchmal wird es nötig sein, den Satz bzw. bei einer längeren Passage den Kernsatz wiederholt vorzulesen und eventuell auch von den Kindern nachsprechen zu lassen.

Dem Wort Gottes einen Ehrenplatz bereiten

Uns ist das Buch von Gott und den Menschen, die Bibel, kostbar und heilig. In der Kirche erhält es einen besonderen Platz auf einem Buchständer, dem Ambo. In unserem Kreis können wir es auch besonders ehren.

❍ Mit einem goldenen Reifen wird die Mitte eingefasst. Dabei können wir den Ruf singen:

Text u. Melodie: Thomas Brunnhuber

❍ Wir können das Bild, den goldenen Reifen auch noch weiter ausschmücken, in dem wir Zacken anlegen, sodass ein Stern entsteht.

❍ Ein Lied, gesungen oder auch nur in seinem Text gesprochen, deutet das Bild:

Text u. Melodie: Aus Israel
Kanon

DER SCHATZ DER VIER EVANGELIEN

GEDANKEN

Wenn wir von der Bibel sprechen, denken viele zunächst einmal an den ihnen besonders vertrauten Teil, an das Neue Testament, und darin wieder an die vier Evangelien, benannt nach ihren sogenannten Verfassern: Matthäus, Markus, Lukas, Johannes.
Als Erzählungen über die Gestalt Jesu, sein Leben, sein Reden und Handeln, seinen Tod und seine Auferstehung, seine Himmelfahrt und die Geistsendung bilden diese Evangelien das Kernstück einer christlichen Glaubensverkündigung. Sie werden Sonntag für Sonntag in drei sich wiederholenden Jahresreihen in unseren Kirchen vorgetragen und gedeutet. Frohe Botschaft heißen wir sie, auch Heilsbotschaft. Sie wollen uns nicht so sehr Berichterstattung über eine mehr oder weniger historische Vergangenheit sein, über einen Jesus, der einmal vor ca. 2000 Jahren gelebt hat, als vielmehr eine Botschaft, die unsere Existenz angeht. In ihrer Verkündigung und Deutung soll sich das Erzählte erneut ereignen: Heilung unserer Krankheiten, die vielfach seelischer Natur sind; Erlösung aus unserem Gespaltensein, unserer Zerrissenheit, unserer Absonderung vom Leben, unserer Sünde; Identitätsfindung, d.h. Selbstwerdung als Kinder, Töchter und Söhne Gottes. Und dies alles im Namen Gottes, der uns erschienen ist in unserem Heiland und Erlöser Jesus Christus und in der Kraft des heiligen Geistes.
Die vier Evangelisten erzählen von diesem heilenden Gott, von Vater, Sohn und Geist in unterschiedlicher Akzentsetzung. Diese Unterschiedlichkeit findet auch einen Ausdruck in unterschiedlichen Zeichen, die den Evangelisten zugeordnet werden. Im einzelnen sind es Engel, Löwe, Stier und Adler.

Was die konkrete Zuweisung betrifft, so wird <u>Matthäus mit dem Engel</u> in Verbindung gebracht. In seinem Evangelium erscheinen immer wieder Engel als Boten Gottes. Sie treten in den Träumen des Josef auf, Mt 1, 20–24; Mt 2, 13–14; Mt 2, 19–20 und als Verkünder der Auferstehung des Herrn, Mt 28, 1–8.
Für <u>Markus steht der Löwe</u>. Er bekundet das Machtvolle, das Starke, das dieses Evangelium auszeichnet. Wie „ein Löwe" kämpft der Evangelist für die Ausbreitung des Evangeliums.
<u>Lukas wird mit einem Stier gezeigt</u>. Als einziger Evangelist erzählt er die Kindheitsgeschichte Jesu. An der Krippe stehen Tiere, Ochs und Esel.
<u>Johannes wird der Adler beigeordnet</u>. Johannes wird als leidenschaftlicher „Donnersohn" beschrieben, der, gleich dem Adler, geistig hoch hinausfliegt.

In vielen Kirchen wird der Verkündungsort, der Ambo oder die Kanzel, von diesen vier Gestalten gefasst oder flankiert.

Die folgende Gestaltung möchte Anregung sein, wie im schulischen Religionsunterricht mit dem Schatz der vier Evangelien, ihren Verfassern und den ihnen zugeordneten Symbolgestalten vertraut gemacht werden kann.

MATERIAL

- Schatzkiste, siehe Heft S. 13
- Bibel, besser noch kostbares Evangeliar, wie es im Gottesdienst Verwendung findet
- vier Rhythmiktücher oder Entsprechendes in vier unterschiedlichen Farben, z.B. weiß, rot, gelb, blau
- Namenskärtchen der vier Evangelisten
- Bilder ihrer Symbole
- Material zum Schmücken

ERLEBNISGESTALT

Einen Schatz entdecken

Siehe Heft S. 13
Im Unterschied dazu wird dieses Mal die Bibel bzw. das Evangeliar in vier farbige Tücher eingeschlagen. Die Farben stehen für die vier Evangelisten.

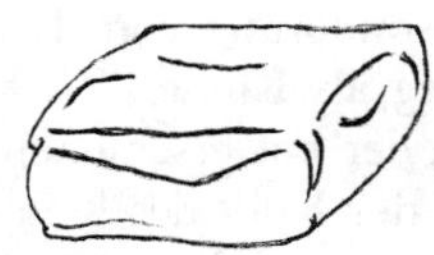

Ein unverbindlicher Vorschlag ist:

Weiß für Matthäus

Rot für Markus

Gelb für Lukas

Blau für Johannes

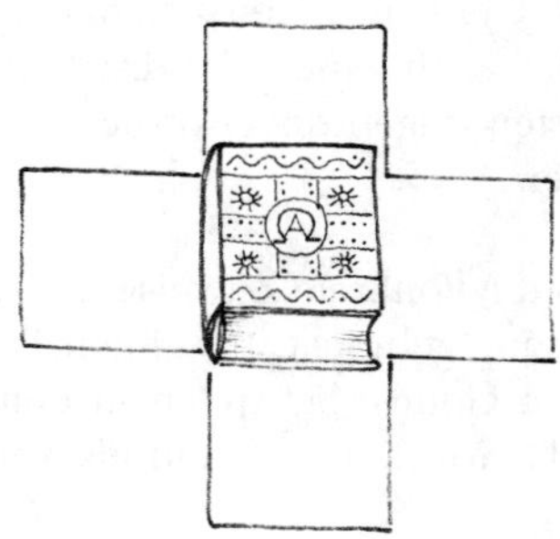

Aufgeschlagen ergeben die vier Tücher ein Kreuz. Auf diesem findet das Evangeliar seinen Platz.

Mit dem Schatzbuch in Beziehung treten

Die Ausführungen im Heft S. 14 schlagen eine Reihe von Möglichkeiten vor, die altersentsprechend zu wählen sind.
Wichtig ist die Erfahrung eines wertschätzenden Umgangs mit der Bibel, dem Evangeliar. Dieser äußert sich in der Art des Tragens des Buches, in der Weise seiner Berührung, in einem Begrüßungsritual. Bedeutsam ist die Vorbildfunktion des Lehrers.

Im Evangeliar das Wort Gottes finden

Ein Einschlagband hilft uns, den Text zu finden. Vorgesehen ist die Perikope, in der uns der Evangelist Matthäus von seiner eigenen Berufung berichtet.

Als Jesus weiterging, sah er einen Mann namens Matthäus am Zoll sitzen und sagte zu ihm: Folge mir nach! Da stand Matthäus auf und folgte ihm. Und als Jesus in seinem Haus beim Essen war, kamen viele Zöllner und Sünder und aßen zusammen mit ihm und seinen Jüngern. Als die Pharisäer das sahen, sagten sie zu seinen Jüngern: Wie kann euer Meister zusammen mit Zöllnern und Sündern essen? Er hörte es und sagte: Nicht die Gesunden brauchen den Arzt, sondern die Kranken. Darum lernt, was es heißt: Barmherzigkeit will ich, nicht Opfer. Denn ich bin gekommen, die Sünder zu rufen, nicht die Gerechten. Mt 9, 9–13

Da die Intention der Stunde darauf gerichtet ist, die Zahl der Evangelien, die Namen ihrer Autoren und die zugehörigen Symbole kennen zu lernen, genügt Mt 9, 9:
Als Jesus weiterging, sah er einen Mann namens Matthäus am Zoll sitzen und sagte zu ihm: Folge mir nach! Da stand Matthäus auf und folgte ihm.

Von vier Evangelien – Evangelisten hören

Matthäus, dem späteren Verfasser eines Evangeliums, werden drei weitere zugesellt. Ihre Namen werden genannt, auf Kärtchen geschrieben.
Eine Zuordnung der jeweiligen Namenskarten zu den farbigen Tüchern und auch zu den Symbolen wie Engel, Löwe, Stier, Adler wird altersentsprechend zu leisten sein.
Vom Alter der Schüler wie auch von der verfügbaren Zeit hängt ab, inwieweit in dieser Stunde auf die Entstehungsgeschichte der Evangelien eingegangen werden kann, was es bedeutet, wenn gesagt wird: Evangelium nach Matthäus, usw.

Die Bibel, das Wort Gottes ehren

Der Abschluss der Stunde ist nach dem Weg der Religionspädagogischen Praxis ein Gestaltungsprozess.
Die Schüler fassen das Bodenbild mit Gestaltungsmaterial ein.
Ein Lied von der Bedeutung des Gotteswortes hat hier Platz, z.B. siehe Heft S. 16.
Ein Dankgebet für das Wort Gottes kann gesprochen werden.

EINEN BIBELEINBAND GESTALTEN

Zunächst wird ein Einband für die Bibel genäht. Bewährt hat sich dafür dunkelroter Samt oder ein ähnlich gearteter Stoff. Wird der Einband ausgefüttert, ist er fester und stabiler. Auf diesen Einband wird auf der Vorderseite aus Metallfolie ein Prägebild geklebt. Mit einem Doppelklebeband lässt sich dies gut vollziehen. Ein Foto dazu findet sich auf Seite 63.

Material:

- Metallfolie in Gold; Stärke 0,15 mm
  Größe entsprechend der Bibel, jedoch sollen etwa 2 cm am Rand vom Umschlag sichtbar sein. Metallfolien gibt es in der Größe DIN A 4 zu kaufen.
- leerer, ausgeschriebener Kugelschreiber
- weiche Unterlage (Zeitungspack oder Filz)
- 4 Halbedelsteine

Zum Prägen:

Die Metallfolie wird auf eine weiche Unterlage (Zeitung oder Filz) gelegt. Mit dem ausgedienten Kugelschreiber (glatte, gewölbte Minenspitze) wird die Folie bearbeitet.

Mit etwas Druck werden Linien, Punkte oder Flächen aufgezeichnet. Dann wird die Folie umgedreht und an den Rändern der Prägungen ein Gegendruck ausgeübt, der die Formen und Linien prägnanter macht und gleichzeitig die unvermeidliche Wölbung der gesamten Metallfolie wieder aufhebt. Eine neue Wirkung kann erzielt werden, wenn man in einer Flächenwölbung dagegen prägt.

Motive:

Die vorgeschlagenen Muster zeigen verschiedene Christus-Symbole, die miteinander verbunden werden können und durch geometrische Formen und Ornamente ausgeschmückt sind.

Kreuz: Es ist das universale Symbol der Mittlung, Sinnbild der Einheit. Für uns Christen wird es mit dem Kreuzestod Jesu zum Zeichen des Lebens, der Erlösung und des Segens.

Sonne: Als Quelle des Lichtes, der Wärme, des Lebens ist die Sonne Offenbarungszeichen der Gottheit. In Jesus wird die Sonne zum Symbol der Auferstehung, zum Auferstehungslicht des Ostermorgens.

Alpha und Omega: Erster und letzter Großbuchstabe des griechischen Alphabets stellen ein Bekenntnis zu Christus dar, von dem es in der Offenbarung bei Johannes (22, 13) heißt: „Ich bin das A und das O, der Erste und der Letzte, der Anfang und das Ziel.“

Edelsteine: Sie wollen Zeichen sein für die Kostbarkeit der Hl. Schrift, in der Zahl vier auch Sinnbild für die vier Evangelien.

EINEN BIBELTEXT ERARBEITEN

Der Weg der *Religionspädagogischen Praxis* ist von seiner Intention her mystagogisch zu nennen. Er versucht auf kindgemäße, anthropologisch fundierte Weise, die biblische Grundaussage eines liebenden Gottes nahe zu bringen. Er orientiert sich in seiner Vorgehensweise an den für die jeweilige pädagogische Situation notwendigen Themen und Zugängen und an den Erfahrungen und Bedürfnissen der Kinder.

Und er erzieht zur Beziehungsfähigkeit, denn die Beziehung spielt sowohl für die Vermittlung eines lebensbejahenden Gottesbildes als auch für die Entwicklung eines gesunden Selbst-Bewusstseins der Kinder eine entscheidende Rolle. So gesehen achtet Sinnorientierte Pädagogik auf eine themenzentrierte Interaktion. Sie bedenkt und beachtet in gleicher Weise das einzelne Kind, die Gruppe, das Thema und wie diese drei Pole miteinander verknüpft werden können. Ja, die Entfaltung einer Ich-Du Beziehung im Sinne Martin Bubers lässt uns ein Thema erst in seiner Tiefendimension schauen.

Diese, in aller Kürze zusammengefasste Grundlegung gilt es auch zu bedenken, wenn wir mit Kindern einen Bibeltext erschließen wollen. Um die Erarbeitung eines biblischen Textes zu erleichtern und zu strukturieren, sollten folgende Schritte beachtet werden:

1. Die **persönliche Begegnung** mit dem Text (mehrmaliges Lesen, Meditation, Begleitung über eine längere Zeit; was bedeutet der Text für mich, für mein Leben? o.ä.)
2. Eine **theoretische Auseinandersetzung** mit der Thematik (Exegese, Textkritik, geistliche und psychologische Dimension, usw.)
3. Eine **pädagogische Auseinandersetzung** mit den Grundaussagen (Bezüge zu pädagogischen Situationen, Entwicklungsstand der Teilnehmer und der Gruppe usw.)
4. **Zielformulierungen** (vor allem für die Schule > Grobziel und Feinziele)
5. **Praktische Umsetzung** nach folgenden Kriterien:
   a) Was ist die **Wesensaussage**? Was ist das Wesentliche?
   b) Welche **Grundhaltungen** lassen das Wesentliche zur Geltung kommen?
   c) Welche **Bilder** bieten sich an? Wie korrespondieren sie mit den Grundhaltungen?
   d) Eröffnen Bilder und Grundhaltungen einen **Weg zum Ziel**?
   e) Kann daraus ein **„Schauplatz“** gestaltet werden?
   f) Welche **Methoden** eignen sich (z.B. Assoziation, Imagination, Identifikation, Vergegenwärtigung, Körpersprache, Klänge, Lieder, Musik, Tanz, Veranschaulichung, Verdichtung und Deutung)?
   g) Planung der einzelnen **Phasen** (Disposition, Begegnung, Gestaltung, Deutung).

PRAXISBEISPIEL: DIE TAUFE JESU AM JORDAN

Als Beispiel zur Erarbeitung eines Bibeltextes wählen wir aus dem Markusevangelium, Kapitel 1 Vers 9–11 die Erwählung Jesu in der Zusage Gottes: **„Du bist mein geliebter Sohn, an dir habe ich Gefallen gefunden."** Zum besseren Verständnis der Stelle berücksichtigen wir den Kontext, in dem dieses Ereignis im Leben Jesu erzählt wird, d.h. wir nehmen die Verse 1–8 in unsere Überlegungen mit auf.

[1]Anfang des Evangeliums von Jesus Christus, dem Sohn Gottes:
[2]Es begann, wie es bei dem Propheten Jesaja steht:
Ich sende meinen Boten vor dir her; er soll den Weg für dich bahnen.
[3]Eine Stimme ruft in der Wüste:
Bereitet dem Herrn den Weg!
Ebnet ihm die Straßen!
[4]So trat Johannes der Täufer in der Wüste auf und verkündigte Umkehr und
Taufe zur Vergebung der Sünden. [5]Ganz Judäa und alle Einwohner Jeru-
salems zogen zu ihm hinaus; sie bekannten ihre Sünden und ließen sich
im Jordan von ihm taufen. [6]Johannes trug ein Gewand aus Kamelhaaren
und einen ledernen Gürtel um seine Hüften, und er lebte von Heuschrecken
und wildem Honig. [7]Er verkündete: Nach mir kommt einer, der ist stärker
als ich; ich bin es nicht wert, mich zu bücken, um ihm die Schuhe aufzu-
schnüren. [8]Ich habe euch nur mit Wasser getauft, er aber wird euch mit
dem Heiligen Geist taufen.
[9]In jenen Tagen kam Jesus aus Nazareth in Galiläa und ließ sich von Johan-
nes im Jordan taufen. [10]Und als er aus dem Wasser stieg, sah er, dass der
Himmel sich öffnete und der Geist wie eine Taube auf ihn herabkam. [11]Und
eine Stimme aus dem Himmel sprach: Du bist mein geliebter Sohn, an dir
habe ich Gefallen gefunden.

Die persönliche Begegnung mit dem Text

Obwohl wir viele Texte der Heiligen Schrift schon häufig gehört haben, eröffnen sich durch erneutes Hinhören und Hinschauen oft neue Zugänge und Erkenntnisse. Jeder Mensch wird diese persönliche Begegnung auf seine Weise suchen und vollziehen.

Lautes und leises Lesen, Wiederholen einzelner Satzteile oder Wörter, Anstreichen bestimmter Passagen, Formulierung auffallender Besonderheiten oder persönlicher Fragen zum Text und das Aufschreiben wichtiger Aussagen auf kleine Merkzettel können die Beschäftigung mit dem Text fördern.

Dazu wird eine meditative Begegnung mit dem biblischen Text kommen. Manche Menschen lassen sich mehrere Wochen gleichsam von einer Bibelstelle durch den Alltag begleiten, um ihre Wirkkraft zum Tragen kommen zu lassen.

Manche suchen die Stille einer Meditationsecke oder eines Kirchenraumes. Manche brauchen die körperliche Bewegung eines Spazierganges durch die Natur.
Bei all diesem Tun dürfen wir darauf vertrauen, dass die Begegnung mit der Heilsbotschaft eine spirituelle Kraft entwickelt, die unseren Verstand, unseren Geist und unser Herz erreichen und bereichern kann. Diese Kraft ist es wohl, die Menschen wahrnehmen, spüren, wenn wir die Botschaft der Bibel weitertragen und verkünden. Dann werden wir und die Art und Weise unseres religionspädagogischen Handelns als authentisch erlebt.

Eine theoretische Auseinandersetzung mit der biblischen Perikope

Markus stellt das Auftreten des Täufers und die Erwählung Jesu als Sohn Gottes an den Anfang seines Evangeliums. Den Lesern soll sozusagen von Anfang an klar sein, worum es sich in den folgenden Erzählungen handeln wird: Um das Zeugnis des Markus und der frühen Kirche, dass Jesus der Auserwählte Gottes ist, der auf seinem Weg mit den Menschen durch Leid und Tod hindurch seine Sendung als Erlöser und Auferstandener erweist.

Jesus wird im Zusammenhang mit Johannes dem Täufer eingeführt und vorgestellt. Beide werden als herausgehobene prophetische Gestalten, die von Gott berufen und zur Verkündigung gesandt sind, geschildert.
Deutlich stellt Markus aber auch die Unterschiede der beiden dar. Johannes ist der Wegbereiter, wie er im Alten Testament prophezeit ist, der dem Messias vorausgeht. Er sagt: Jesus ist stärker als ich. Ich bin es nicht wert, ihm die Schuhe aufzuschnüren. Johannes verkündet die Vergebung der Sünden durch die Taufe im Wasser des Jordans, anstatt durch Opfer, die im Tempel dargebracht werden. Er verlangt keine Opfergabe, die man kaufen kann, um sie Gott darzubringen. Er verlangt die innere Umkehr der Menschen, die sich in einem leibhaften Vollzug äußert. Er weiß um die Wirksamkeit von Ritualen, die den ganzen Menschen betreffen.
In der Taufe des Johannes muss sich der „ganze Mensch" einlassen und umkehren, d.h., ganz eintauchen in die Flut, untertauchen und sich vom Wasser reinigen lassen, Schuld und Sünde loslassen und abwaschen lassen. Das setzt voraus, dass sich der Mensch zu seiner Schuld bekennt, anerkennt, dass er nicht vollkommen ist. Dann kann er auftauchen als neuer Mensch, neu leben. Dann kann er hören und spüren, was Gott von ihm will und die Richtung seines Lebensweges neu ausrichten.
Jesus lässt sich von Johannes taufen. Dies ist auch für den Evangelisten Markus ein Paradox. Jesus, der ohne Sünde ist, hat keine Umkehr nötig. Warum geht er trotzdem an den Jordan?
Für Markus ist Jesus der Gottessohn, der sich in allem mit den Menschen identifiziert, selbst mit ihrer Not und Sündhaftigkeit, während er alle Sündhaftigkeit und Not überwindet. Jesus stellt sich solidarisch an die Seite derer, die bedrückt, niedergedrückt, schuldhaft sind. Er steht zu denen, die abgeschnitten

von ihren wirklichen Lebensmöglichkeiten sind und zu denen, die auf der Suche nach Sinn sind. Der Evangelist lässt darin auch die Botschaft an uns, seine Leserinnen und Leser anklingen: Jesus stellt sich auch an meine Seite!
Jesus taucht ein in die Fluten des Jordan. Die Taufstelle Jesu liegt, geographisch gesehen, an der tiefsten Stelle, an die ein Mensch auf dieser Erde gehen kann. Welch sprechendes Bild! Markus erzählt gleichsam bereits am Anfang seines Evangeliums von der Bereitschaft Jesu, auch die Tiefen des Menschseins anzunehmen.
Für den orientalischen, antiken Menschen klingt in diesem Bild des Jordans auch der Fluss zur Unterwelt an, der Styx. Jesus steigt zu Beginn seines Wirkens symbolisch, am Ende seines Lebens mit seinem ganzen Sein hinab in die Tiefe des Todes. So wie er hier am Jordan wieder auftaucht und einer neuen Wirklichkeit, seiner Berufung, begegnet, lässt Gott ihn auch nicht im Tod, sondern holt ihn heraus aus der Dunkelheit ins Licht der Auferstehung, ins neue Leben.

Die neue Wirklichkeit im Leben Jesu erzählt Markus in seiner beeindruckenden Symbolsprache. Der Himmel öffnet sich. Manche Übersetzer weisen darauf hin, dass hier von einem Riss im Himmel gesprochen wird, durch den der Geist Gottes wie eine Taube auf Jesus herabkommt. Bereits im alten Testament ist die Taube ein Zeichen für Gottes Lebendigkeit, für die Fruchtbarkeit des Lebens und für den Frieden in den Beziehungen, der im Geiste Gottes möglich wird.
Jesus beginnt sein öffentliches Auftreten erfüllt vom Geist Gottes und getragen von der liebenden Vater-Sohn Beziehung. Markus ist überzeugt: Gott handelt an Jesus.
Dieses Handeln Gottes ist die Grundlage für alles Handeln Jesu. Gottes Geist und Kraft ermöglichen Jesus, seinen Weg zu gehen. Sie machen ihn bereit, sich für alle Menschen zu öffnen, ihr Leid und ihre Not ernst zu nehmen. Er lebt, was er in der Taufe am Jordan erlebt und begriffen hat. Er gibt diese Zusage weiter an alle Menschen, die sie hören wollen: *Du bist mein geliebtes Kind, an dir habe ich Gefallen gefunden.*

Der Evangelist Markus legt hier gleichsam den Grundstein für das Glaubensbekenntnis aller christlichen Kirchen: „Ich glaube an Jesus Christus, Gottes eingeborener Sohn, hinabgestiegen in das Reich des Todes, am dritten Tage auferstanden von den Toten, aufgefahren in den Himmel, sitzend zur Rechten Gottes, des allmächtigen Vaters."

Der Theologe Georg Baudler fasst diese Überlegungen in seinem Buch „Jesus im Spiegel seiner Gleichnisse" in einer Erzählung zusammen, die er überschreibt mit dem Titel: „Jesus – das Gleichnis Gottes" (Stuttgart 1986, S. 298). Sie kann die eigene Auseinandersetzung mit der Theologie dieser Markusstelle vertiefen und befruchten.

Die pädagogische Auseinandersetzung mit den Grundaussagen

Jesus stellt sich als Mensch an die Seite der Menschen, die an den Jordan ziehen und ihre eigene Umkehr als notwendig erachten. Er zeigt damit sein eigenes Menschsein und, dass er vor den Fehlern und Unzugänglichkeiten der anderen die Augen nicht verschließt. Er zeigt keine Überheblichkeit, sondern stellt sich in eine Reihe mit denen, die Sehnsucht haben nach einem besseren, erfüllteren Leben. Er achtet und akzeptiert Menschsein in allen seinen Dimensionen.
In gegenseitiger Achtung begegnen sich Johannes und Jesus. Beide bekunden dies in ihrer demütigen Haltung. Jesus steigt vor Johannes in den Jordan hinab. Johannes sagt: „Ich bin es nicht wert, dir die Schuhriemen zu lösen." Beide heben auf diese Weise die Hierarchie von oben und unten, von stärker und schwächer auf. Echte, gleichberechtigte Begegnung kann entstehen. So werden sie zum Vorbild für alle, die dies erleben oder heute noch davon hören.
Jesus steigt hinab zur Taufstelle am Jordan. Er kennt die „Untiefen" des Lebens und weicht ihnen nicht aus. Er zeigt in seiner Botschaft aber auch, dass es einen gibt, der mitgeht und uns Menschen nicht allein lässt. Diese Hoffnung kann stark machen, seinen Lebensweg auch in dunklen Zeiten durchzustehen und zu gehen.
Und schließlich vermittelt dieser Text eine Zusage, die trägt, die hilft, „das Leben zu meistern". Gott stellt sich als Begleiter an die Seite der Menschen. Er lässt sie nicht allein. In seinem Geist können Aufgaben, die bewältigt werden müssen, angenommen werden. Seine Liebe lässt Menschen aufatmen. Seine Zusage: „Du bist mein geliebtes Kind!" gibt Zuversicht und Lebensmut.

Zielformulierungen

Grobziel

Die Teilnehmer/innen sollen in der Begegnung mit der biblischen Aussage von Mk 1, 11 sich selbst als geliebte Söhne und Töchter Gottes erfahren können.

Feinziele

Die Teilnehmer/innen sollen

- den Anfang des Markusevangeliums kennen lernen,
- von Johannes dem Täufer und seiner Umkehrpredigt hören,
- die biblischen Bilder als innere, existenzielle Bilder entdecken,
- in der Identifikation leibhaft und symbolisch das Wasserritual am Jordan nachvollziehen,
- die Zusage der Gotteskindschaft als Frohbotschaft für das eigene Leben hören,
- Jesus Chrisus als dem auserwählten Sohn Gottes begegnen,
- im Gestaltungsprozess und in der Deutung des Erlebten die eigene Betroffenheit zum Ausdruck bringen.

Praktische Umsetzung

Dispositionsphase

Sich versammeln um das Bild der Wüste

❍ Wir versammeln uns im Kreis.

❍ Ockerfarbene Tücher werden in der Mitte ausgelegt.
Wir wollen uns auf den Weg machen – in Gedanken. Wohin führt uns diese Farbe? Wohin führt diese Farbe unsere Gedanken?

❍ In der freien Assoziation äußern die Kinder ihre Vorstellungen:
- zum Sand
- in die Wüste
- in ein Ährenfeld usw.

❍ Schließlich werden die Tücher wellig geformt.
Das Bild der Wüste soll uns heute begleiten.

Begegnungsphase

Der Wüste begegnen

❍ Auf verschiedene Weisen begegnen wir gestenhaft und imaginativ der Qualität von Wüste. Dabei werden die Beiträge der Kinder ins Spiel aufgenommen.
- Wir gehen in der Wüste mit kleinen Schritten auf dem heißen Sand.
- Wir spielen mit den Händen und dem vibrierenden Klang eines Beckenschlags die flirrende Wüstenluft.
- Wir wischen uns den Schweiß von der Stirn.
- Im rhythmischen Sprechen empfinden wir die beißende Hitze nach: „Wüste, Wüste, Wüste, heiß ist dieses Land."

- Wir stolpern über Steine, verletzen uns an Dornen.
- Wir lassen Blüten aufblühen und sehen, wie sie verdorren.
- Wir sprechen rhythmisch: „Wüste, Wüste, Wüste, dürr ist dieses Land."

- Wir spielen von der Kälte der Nacht.
- Mit Holzblocktrommel, Klangstäben, Röhrentrommel u. ä. bringen wir unsere Vorstellungen zum Ausdruck.
- Wir hören in die einsame Stille.
- Im rhythmischen Sprechen empfinden wir die Kälte und Einsamkeit nach: „Wüste, Wüste, Wüste, kalt ist dieses Land."

Wüste als innere Wirklichkeit erfahren

❍ Im Gespräch werden wir uns bewusst, dass es „Wüste“ auch im menschlichen Leben, in Beziehungen und im seelischen Empfinden geben kann. Hitze, Kälte, bedrohtes Leben sind Erfahrungen des Menschen, die bereits Kinder nachempfinden können, häufig sogar schon erlebt habe.

Im Austausch und im gegenseitigen Erzählen können Verletzungen zutage treten und aufgearbeitet werden. Hier gilt es, als Erziehende besonders sensibel und behutsam zu sein. Viele Einsichten in die Denk- und Erfahrungswelt der Kinder eröffnen sich auf diese Weise. Weiteres pädagogisches Handeln wird davon beeinflusst werden müssen.

Wüstenerfahrungen einen Ausdruck verleihen

❍ Aus bereitgelegten Steinen, Dornen, vertrockneten Zweigen gestalten wir eine Wüstenlandschaft. Dabei können die Kinder jeweils einen Gegenstand oder eine Befindlichkeit aussprechen.

In einer Symbolhandlung kann das, was Kinder belastet oder bewegt, gleichsam abgelegt werden. Seelische Verletzungen brauchen viele solcher Handlungen, damit sie verarbeitet werden können. Auf diese Weise werden sie nicht verdrängt, sondern bewusst gemacht oder intuitiv vom Kind einer Auflösung nähergebracht.

Wasser verwandelt die Wüste

❍ In der Imagination gehen wir mit geschlossenen Augen in eine Wüstenlandschaft. Dort erfährt die lebensfeindliche Seite der Wüste eine Veränderung:
Ich gehe wie im Traum in eine wüste Gegend.
Ich gehe in die Wüste. – Was sehe ich? Was zeigt sich mir?
Pause

Ich gehe weiter und komme zu einem Hügel.
Was wird wohl dahinter sein?
Auf dem Glockenspiel wird Glissando gespielt, wie ein Wasserquell, wie fließendes Wasser.

Ich steige auf den Hügel und schaue hinab.
Tief unter mir ist ein Fluss, frisch und klar. Dort ist keine Wüste mehr.
Dort ist Leben.
Am Ufer des Flusses ist es grün.
Blumen blühen, Palmen bewegen sich im Wind.
Das Wasser lädt mich ein, mich zu erfrischen.
Das Wasser lädt mich ein, den Staub der Wüste abzuwaschen, mich zu reinigen.

❍ Nach einer kurzen Stille werden die Kinder aus der Imagination zurückgeholt.

Gestaltungsphase

Leben am Wasser gestalten

❍ Mit verschiedenfarbigen blauen Tüchern gestalten die Kinder den großen Fluss. Die Ufer werden mit Tüchern, buntem Legematerial und Pflanzen begrünt. Ein Ort voller Leben soll sichtbar werden.

❍ Mit einem Liedruf begleiten wir unser Tun.

Text u. Melodie: Franz Kett

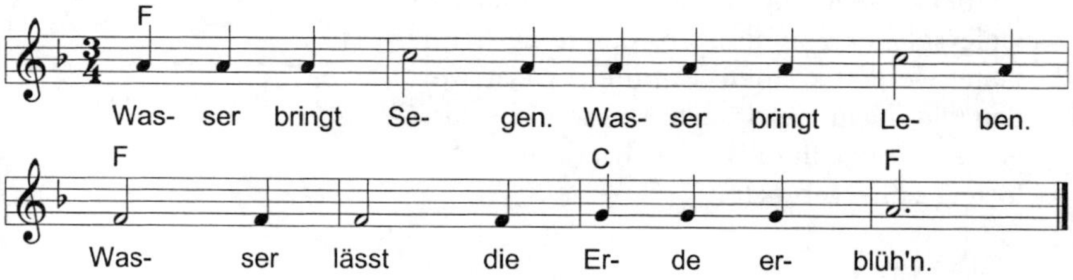

Ins Wasser tauchen und neu leben

Erzählung

Viele Leute machen sich auf den Weg zum Jordan.
„Am Jordan ist Leben", sagen sie.
„Am Jordan ist einer, der vom Leben erzählt. Er erzählt davon, was wir tun müssen, damit wir das Leben wieder besser spüren können. Er sagt, dass wir alles von uns abwaschen sollen, was wir falsch gemacht haben. Er ruft dazu auf, dass wir unsere Herzen reinigen sollen von allem Bösen. Er gießt Wasser über die Menschen, weil sie rein werden wollen. Er tauft uns mit dem Wasser aus dem Jordan, weil wir in unseren Herzen wieder das Gute und die Lebensfreude spüren sollen."
So reden sie miteinander auf dem Weg durch die Wüste zum Fluss.

❍ In einem Partnerspiel empfinden wir nach, was dort am Jordan geschieht.

Jeweils zwei Kinder finden sich zusammen. Ein Kind schließt die Augen. Das andere fasst es an der Hand. Im Lauf der Erzählung „taucht“ das Kind unter, indem es in die Hocke geht und ein wenig so verweilt. Dann wird es an der Hand nach oben gezogen, aufgerichtet.

Dabei streift der Partner gestenhaft das Wasser ab.

Beim Auftauchen können die Arme nach oben gestreckt werden und ein Freudensprung aus dem Wasser schließt das Spiel ab.

Anschließend wechseln die Kinder ihre Rollen.

Das Spiel wird von der Erzieherin mit knappen Worten begleitet, etwa so:

Schließe die Augen und steige in das Wasser.
Nimm alles mit, was schwer ist für dich.
Nimm alles mit, was du falsch gemacht hast.
Nimm es mit ins Wasser und tauche ein.
Lasse es los, lasse es abwaschen.
Dann tauche auf, spüre wie alles abfließt.
Strecke dich aus, denn du bist frei und unbeschwert.
Du bist ein neuer Mensch.
Du kannst neu leben!
Gott sagt zu dir:
„Ich liebe dich. Du bist mein Kind!“

<u>Deutungsphase</u>

Den biblischen Text hören und deuten

❍ Eine große Kerze wird angezündet und im Kreis der Kinder weitergereicht.
❍ Die Heilige Schrift wird gemeinsam aufgeschlagen.

„In jenen Tagen kam Jesus aus Nazaret in Galiläa und ließ sich von Johannes im Jordan taufen. Und als er aus dem Wasser stieg, sah er, dass der Himmel sich öffnete und der Geist wie eine Taube auf ihn herabkam. Und eine Stimme aus dem Himmel sprach: Du bist mein geliebter Sohn, an dir habe ich Gefallen gefunden.“ (Mk 1, 9–11)

❍ Bibel und Kerze werden ins Mittebild gestellt.
Erfüllt von dieser Zusage Gottes macht sich Jesus auf den Weg zu den Menschen. Er spürt: Ich bin ein Sohn Gottes. Gott liebt mich. So kann ich den Weg meines Lebens gehen durch frohe und schwere Zeiten. Wohin ich auch gehe, Gott geht mit mir. Wo immer ich stehe, Gott steht zu mir.

Gebet:
Gott, du guter Vater!
Bei der Taufe am Jordan hat sich für Jesus der Himmel geöffnet.
Du hast ihn als deinen lieben Sohn angesprochen.
Du hast ihm seinen Weg gezeigt, den er in deinem Geist gehen kann.
Er hat an alle Menschen deine Liebe weitergesagt.
Lass auch uns spüren, wie sehr du uns liebst.
Lass auch uns spüren, dass wir deine geliebten Söhne und Töchter sind.
Amen.

❍ In einem Lied lassen wir unsere Erfahrungen nachklingen.

Text u. Melodie: Franz Kett

Wir danken der Arbeitsgruppe des Multiplikatorenkurses III in Steinerskirchen für das Manuskript, das zu obiger Gestaltung wesentlich beigetragen hat.

EMPFEHLENSWERTE KINDERBIBELN

Die folgende Auswahl an bebilderten Kinderbibeln ist entnommen aus: **Empfehlenswerte Kinderbibeln.** Herausgeber: Borromäusverein, Deutsche Bibelgesellschaft, Deutscher Verband Evangelischer Büchereien, 2003. Erhältlich beim Borromäusverein e. V., Wittelsbacherring 9, 53115 Bonn, email: info@borro.de.

Komm, freu dich mit mir. Erzählt von Karin Jeromin, illustriert von Rüdiger Pfeffer, Deutsche Bibelgesellschaft, Stuttgart 2000. (für Kinder von 3 bis 6 Jahren)

Mein kleines Bibelbuch. Mit Bildern von Alan Parry, Deutsche Bibelgesellschaft, Stuttgart 1997. (für Kinder von 3 bis 4 Jahren)

Bibelbilderbuch. 5 Bände. Bilder von Kees de Kort, Text von Hellmut Haug, Deutsche Bibelgesellschaft, Stuttgart 1999. (für Kinder ab 3 Jahren)

Meine schönsten Bibelgeschichten. Bilder von Kees de Kort, Text von Hellmut Haug, Deutsche Bibelgesellschaft, Stuttgart 1998. (für Kinder ab 6 Jahren)

Neukirchener Kinder-Bibel. Text von Irmgard Weth, mit Bildern von Kees de Kort, Kalenderverlag des Erziehungsvereins, Neukirchen-Vluyn, 2000. (für Kinder ab 6 Jahren und Eltern, die Zugang zu biblischen Geschichten suchen)

Kinder-Bibel. Bilder von Sieger Köder, Texte verschiedener Autor/inn/en. Katholisches Bibelwerk, Stuttgart, 1999. (für Kinder ab 6 Jahren mit Erwachsenen)

Mit Gott unterwegs. Text von Regine Schindler, Bilder von Stepán Zavrel, bohem press, Zürich 2003. (für Kinder im Schulalter und interessierte Eltern)

Meine bunte Bilderbibel. Bilder von Ulf Löfgren, Text von Karin Jeromin, Deutsche Bibelgesellschaft, Stuttgart 1999. (für Kinder ab 5 Jahren)

Kinderbibel. Bilder von Annegret Fuchshuber, Text von Werner Laubi, Verlag Ernst Kaufmann, Lahr 2000. (für Kinder ab 8 Jahren)

Weitere Überlegungen zu Kinderbibeltexten und -bildern finden sich in: **Das Buch der Bücher als Kinderbuch.** Hans-Peter Eggerl, Informationen-Schulreferat/Religionspädagogisches Seminar Passau, Sonderheft 1/2003.

Kinderbibeln – Einschätzungen und Einblicke.
Reiner Andreas Neuschäfer, email: sbrudolstadt@compuserve.de

GOTT ERSCHAFFT DEN MENSCHEN

EINFÜHRENDE GEDANKEN

Im Schöpfungsbericht (Gen 2, 4b–25) wird uns davon erzählt, wie Gott den Menschen aus Ackerboden formt und ihn in einen paradiesischen Garten setzt. Gott gibt dem Menschen in dieser mythischen Geschichte seine Gestalt. Er bläst ihm den Lebensatem ein, er erfüllt gleichsam, was er geformt hat mit Geist, mit Liebe. Er macht den Menschen zu seinem Abbild, indem er ihn mit seinem Odem ganz durchdringt.
Es steht bereits ganz am Anfang der Hl. Schrift geschrieben, was sich unaufhörlich durch das Alte und Neue Testament hindurch wiederholt: Gott hat eine liebevolle Beziehung zum Menschen, die er immer wieder spüren lässt. Bereits hier sagt er gleichsam zum Menschen, den er erschafft: „Du bist mein geliebtes Kind!"
Besonders deutlich wird diese Liebe in der vorliegenden Geschichte. Mit großer Erzählkunst wird bis ins Detail Gottes Schöpfung, der Garten Eden, geschildert. Einen Paradiesgarten legt Gott an, damit der Mensch sich daran freuen kann. Es scheint gleichsam Gott selbst zu freuen, dass er den Menschen glücklich machen kann. Alles gibt er ihm zu eigen.
Eine große Daseinsfreude spricht aus dieser Erzählung. Diese Freude möchten wir an die Kinder weitergeben, damit auch in ihnen wahr werde, wie es im Buch Genesis heißt: „So wurde der Mensch zu einem lebendigen Wesen."
Die Daseinsfreude und die Lust am Leben ist den Kindern zutiefst zu eigen. Oft aber scheint sie verschüttet oder fast zerstört. Deshalb wird es immer wieder notwendig sein, die Freude am Leben zu spüren und zu feiern.
Kindern gelingt dies zunächst über ihre Sinne, über ihren Leib. Sie nehmen die Schönheit der Welt wahr und staunen darüber. Sie freuen sich über ihre eigenen Fähigkeiten und teilen sie gerne mit. Sie leben von den guten Beziehungen zu anderen Menschen. Sie sind offen für einen tieferen Sinn. Diesen Weg versuchen wir mit Kindern zu gehen: Wir möchten über alle Sinne zum Sinn, zur Gegenwart Gottes und seiner Liebe kommen.

1. EINHEIT – ICH BIN GEFORMT

Ich bin da

❍ Wir werden uns unseres Daseins bewusst, indem wir ein Lied hören, nachsingen und leibhaft, spielerisch nachvollziehen. Zunächst stellen wir beide Beine bewusst auf den Boden, richten unseren Körper gerade auf und vollziehen die Bewegungen einige Male mit.

Text u. Melodie: Thomas Brunnhuber

Ich forme mich aus Ton

❍ L leitet die Kinder an, sich in einer Imaginationsübung den eigenen Körper vorzustellen, ihn mit den Händen gleichsam nachzuformen. Dabei können die Kinder bequem auf dem Boden sitzen, sich evtl. mit dem Rücken an die Wand lehnen, um festen Halt zu haben. Der folgende Text wird je nach Situation und Alter der Kinder verändert werden müssen:

Lasse deine Augen leicht zufallen und betrachte dich in deiner inneren Vorstellung. Was siehst du? Was fällt dir auf? Was gefällt dir besonders? Bevor du anfängst, dich in deiner Phantasie zu formen, schaue dich mit Liebe an.
Es ist gut, dass du da bist.
Es ist gut, dass es dich gibt, so wie du bist.
Jetzt nimm in deiner Vorstellung etwas Ton in beide Hände und forme dich:
als Mädchen oder als Junge,
kräftig oder zart,
klein oder groß,
mit zwei Beinen und einem Bauch,
mit zwei Armen und einem Kopf –
so, wie du dich siehst.

–Pause–

Was brauchst du noch, um du selbst zu werden?
Vielleicht große Augen, die tiefer sehen können,
offene Ohren, die genau hinhören können,
ein weites Herz, das lieben kann?
Lasse dir Zeit und forme auch das.

–Pause–

Jetzt schaue dein Ebenbild noch einmal liebevoll an.
Vielleicht kannst du zu ihm sagen: „Du – ich mag dich!“

❍ Jedes Kind bekommt ein Stück Ton auf einer Unterlage und kann ausgestalten, was in der Vorstellung bereits vorbereitet wurde. Um den Kindern das Arbeiten in Ruhe zu erleichtern, kann leise Musik das Tun begleiten.

❍ Mit unseren Figuren versammeln wir uns im Kreis.

Wir danken für unser Leben

Eine Tonfigur haben wir geformt. Jeder und jede nach der eigenen Vorstellung. Unseren Leib haben wir gespürt, unsere Hände gebraucht, an unser Herz gedacht. Dafür können wir Danke sagen. Dafür können wir Gott Danke sagen, der uns unser Leben schenkt.

❍ Jedes Kind kann sein Werk zeigen und einen Dank aussprechen. Dazwischen können wir die dritte Strophe unseres Liedes singen:

Text u. Melodie: Thomas Brunnhuber

❍ Zum Schluss suchen die Kinder einen guten Platz für ihre „Ebenbilder" (zum Trocknen) im Raum und schließen die Einheit ab mit der letzten Strophe.

2. EINHEIT – IM GARTEN EDEN

Wir versammeln uns

❍ Mehrere grüne Tücher, auf dem Boden ausgebreitet, werden rund geformt. Wir ordnen nach dem Vorbild des Tücherkreises unseren Stuhlkreis.

❍ Die Kinder überlegen gemeinsam, wohin die grüne Farbe die Gedanken führen kann, z.B. auf eine Wiese, in einen Garten, in den Wald, auf den Fußballplatz oder Spielplatz, zu einer Lichtung usw.

Wir träumen von einem Garten, gestalten ihn

- Ein Kind setzt sich in die Mitte und schließt die Augen. Es wird angeleitet, von einem schönen Garten zu träumen. Es wird „aufgeweckt", in dem es die L vorsichtig anhaucht und ihm leise zusagt: „Es ist schön, dass du da bist."
- Alle Kinder können nun im Kreis diese Übung nachvollziehen. Es ist darauf zu achten, dass die Kinder sich zum Schluss gegenseitig behutsam mit ihrem Atem „aufwecken". Manche Kinder werden sich gerne einen guten Wunsch wie oben sagen.
- Dann setzen wir unsere Tonfiguren in die grüne Fläche und gestalten aus verschiedenen Naturmaterialien und farbigen Tüchern unseren „Traumgarten".

Der Garten bekommt einen Namen

- Im Spiel mit den Händen zeigen wir einzelne Dinge, die im Garten zu sehen sind (Bäume, Blumen, Gras, Knospen usw.). Die zuschauenden Kinder spielen mit, raten, suchen sie im Mittebild und benennen sie.
- Aus einem Korb werden Tiere aus Holz geholt. Diese können im körpersprachlichen Spiel vorgestellt werden. Anschließend finden sie ebenfalls einen Platz im Garten.
- Die L spielt auf dem Glockenspiel Glissando. Mit den Händen spielen wir vom Wasser, das aus der Erde sprudelt und zu einem Fluss wird.
- Mit blauen Chiffontüchern gestalten die Kinder einen Fluss in das Gartenbild.
- Wir suchen einen Namen für unseren Garten, z.B. Frühlingserwachen, Tiergarten, lebendiger Garten, Paradiesgarten, Kinder-Garten, Traumgarten usw.

Erzählung (nach dem 2. Schöpfungsbericht in Gen 2)

❍ Eine große Kerze wird angezündet und in die Mitte gebracht.

Zur Zeit, als Gott Erde und Himmel machte, gab es auf der Erde noch keine Feldsträucher und wuchsen noch keine Feldpflanzen; denn Gott, der Herr, hatte es auf die Erde noch nicht regnen lassen, und es gab noch keinen Menschen, der den Ackerboden bestellte; aber Feuchtigkeit stieg aus der Erde und tränkte sie. Da formte Gott den Menschen aus Erde und blies in seine Nase den Lebensatem. So wurde der Mensch lebendig.
Dann legte Gott einen Garten an, den Garten Eden. Er ließ aus dem feuchten Ackerboden allerlei Bäume wachsen, verlockend anzusehen, mit schönen Früchten, in der Mitte des Gartens den Baum des Lebens.
Eine Quelle ließ Gott, der Herr, entspringen im Garten, die zu einem Fluss wurde, der das ganze Land bewässerte.
Gott formte alle Tiere des Feldes und alle Vögel des Himmels und führte sie dem Menschen zu. Und wie der Mensch jedes lebendige Wesen benannte, so sollte es heißen.
So formte Gott den Menschen als Mann und Frau. Aus Liebe schenkte er ihnen seinen Atem des Lebens. Durch den Atem Gottes wird der Mensch lebendig. Das erste Atmen kommt von Gott.

❍ In einer kurzen Stille können wir daran denken, wie wir vorhin den Lufthauch gespürt haben und wie wohltuend es war, als jemand sagte: „Es ist gut, dass du lebst".

❍ Wir werden uns inne, dass Gott auch uns diesen Lebensatem, seinen Atem gegeben hat. Wir spüren unserem Atem nach, der uns erfüllt, ausfüllt. Gott gibt uns diesen Atem und erfüllt uns.

Wir danken für das Leben

❍ In dem Lied „Erfreue dich Himmel, erfreue dich Erde..." GL 259 (auf CD: Mehr als ein Wort sagt ein Lied. RPA-Verlag) loben wir Gott für seine Schöpfung und danken wir für unser Leben.
Zunächst werden wir das Lied hören, den Refrain lernen. Schließlich finden wir zusammen mit den Kindern verschiedene Bewegungsformen. Als Anregung sei hier auf eine Tanzbeschreibung in diesem Heft, S. 42 hingewiesen.

❍ Ebenso kann unser Dank seinen Ausdruck finden im Lied, das wir in der vorherigen Einheit gesungen haben.

DA IST EIN RISS, DER REISST DIE HIMMEL AUF

Text u. Melodie: Klaus Gräske

PSALM 148
ERFREUE DICH HIMMEL, ERFREUE DICH ERDE

ÜBERLEGUNGEN

Der Psalm 148 wird als Danklitanei auf Gott, den Schöpfer und Herrn gesehen. Im GOTTESLOB, dem deutschen katholischen Gesangbuch finden wir unter Nr. 259 eine Liedfassung dieses Lobpreises. Der Kehrvers lautet: „Erfreue dich Himmel, erfreue dich Erde, erfreue sich alles, was fröhlich kann werden.“
Der Text in der Bibel wie im Lied ist von klarer, verständlicher Art. Die verwendeten Bilder sind uns nicht fremd. So können wir sie Klein und Groß, Kindern im Elementarbereich wie Jugendlichen und Erwachsenen auf unsere Weise vertraut machen. Wir knüpfen an der Einheit „Die Bibel als Buch des Lebens entdecken“ an, verwenden ihr Bild, siehe Heft S. 16.

Material

- kostbare Bibel
- goldener Reifen
- goldene Zacken
- CD „Mehr als Worte sagt ein Lied“ RPA-Verlag, Landshut
- große Kerze
- farbige Rhythmik- und Chiffontücher in ausreichender Menge
- Tierfiguren aller Art
- Gestaltungsmaterialien aus der Natur, wie größere und kleinere Steine, Zapfen, Moos, Rinden, Flechten, Muscheln, Früchte wie Eicheln, Kastanien, Nüsse unterschiedlicher Art; Material, um Sonne, Mond, Sterne darzustellen

Die kostbare Mitte schauen

- Liegt das Mittebild vom Vortag noch im Kreis, versammeln wir uns mit dem Lied:

Text u. Melodie: Thomas Brunnhuber

❍ Mit Gesten können wir es begleiten:

Ich fass dich golden ein, ein Platz soll dir bereitet sein.	Teilnehmer fassen sich zum Kreis und gehen in Tanzrichtung.
Von Herzen freu ich mich,	Wir schauen in die Mitte, klatschen in die Hände
ich freu mich über dich.	und zeigen mit einer leichten Verneigung zur Mitte.

Kostbare Worte hören

❍ Das Buch wird anhand eines eingelegten Bandes aufgeschlagen.
Wir lesen, hören Psalm 148:

Halleluja!
Lobt den Herrn vom Himmel her, lobt ihn in den Höhen:
Lobt ihn, all seine Engel, lobt ihn, all seine Scharen;
lobt ihn, Sonne und Mond, lobt ihn, all ihr leuchtenden Sterne;
lobt ihn, alle Himmel und ihr Wasser über dem Himmel!
Loben sollen sie den Namen des Herrn; denn er gebot
und sie waren erschaffen.
Er stellte sie hin für immer und ewig, er gab ihnen ein Gesetz
das sie nicht übertreten.
Lobt den Herrn, ihr auf der Erde, ihr Seeungeheuer und all ihr Tiefen,
Feuer und Hagel, Schnee und Nebel, du Sturmwind,
der sein Wort vollzieht,
ihr Berge und all ihre Hügel, ihr Fruchtbäume und alle Zedern,
ihr wilden Tiere und alles Vieh, Kriechtiere und gefiederten Vögel,
ihr Könige der Erde und alle Völker, ihr Fürsten und alle Richter auf Erden,
ihr jungen Männer und auch ihr Mädchen, ihr Alten mit den Jungen!
Loben sollen sie den Namen des Herrn; denn sein Name allein
ist erhaben, seine Hoheit strahlt über Erde und Himmel.
Seinem Volk verleiht er Macht, das ist ein Ruhm für all seine
Frommen, für Israels Kinder, das Volk, das ihm nahen darf.
Halleluja!

Über Gottes Worte nachdenken

Im Gespräch tauschen die Kinder aus, was sie an diesem Text beeindruckt hat, was sie nicht verstanden haben, welche Fragen er in ihnen geweckt hat. Die Theologie der Kinder kommt hier zum Tragen. Der Leiter kann einige ergänzende Erklärungen beitragen, z. B. dass der Text ein sehr altes Gebet ist, dass er über 3000 Jahre alt ist, dass Zedern orientalische Bäume sind usw.

Gott für seine Schöpfung loben

❍ Wir hören ein Lied, das den Psalm 148 zum Inhalt hat (CD siehe S. 40). Wir erfinden dazu entsprechende Bewegungen oder lernen einen Tanz.
<u>Beschreibung:</u> Kreisaufstellung, Handfassung

Teil A – alle Strophen

- 2 Schritte zur Mitte gehen, dabei die Arme leicht heben;
- 2 Schritte wiegen nach rechts und links;
- 2 Schritte nach außen gehen, dabei die Arme senken;
- 2 Schritte wiegen nach rechts und links.

Teil B – Refrain

Auf Erden hier unten,	Mit beiden Händen den Boden berühren;
im Himmel dort oben:	die Arme nach oben ausstrecken;
den gütigen Vater, den wollen wir loben.	drehen am Platz und rhythmisch klatschen; sich zur Mitte neigen.

Ein Bild der Schöpfung gestalten

Wovon haben wir gehört, gesungen, getanzt?
Was können wir davon zeigen, erzählen, gestalten?

❍ Jeder Teilnehmer gestaltet auf einem frei gewählten farbigen Tuch als Unterlage etwas, was er im Lied besungen hat, was ihm bezüglich des Textes einfällt, etc. Es entsteht ein bunter Schöpfungs- oder Erdkreis.

❍ In einem Rundgang betrachten und würdigen wir die entstandenen Bilder.

❍ Ein Licht wird entzündet, im Kreis getragen, zur Hl. Schrift gestellt. Als getanztes Gebet fassen wir im Lied zusammen, was wir gehört, geschaut, gestaltet haben.

JESUS VERKÜNDET: DU BIST GELIEBT!

In vielen Begegnungen Jesu mit den Menschen scheint dieser Satz auf: „Du bist geliebt!“ Er richtet Menschen auf, die gebeugt sind. Er heilt Krankheiten an Leib und Seele. Er spricht zu den Kleinen und Großen, den Bedeutenden und Unauffälligen. Er sagt die Liebe Gottes unzähligen Menschen zu, damals vor 2000 Jahren und heute.
Vor allem aber sagt er diese Botschaft gleichsam aus sich selbst heraus. Er selbst weiß sich geliebt, von Gott, den er Papa, Vater nennt. Jesus ist so sehr von der Liebe Gottes überzeugt, dass er die Aufgaben annimmt, die sich ihm stellen. Dabei stellt er viele Normen und Vorurteile auf den Kopf. Er eckt an und stößt nicht selten auf Unverständnis und Ablehnung. Seine Botschaft ist nicht leicht zu verstehen. Er spricht von der Liebe zu den Freunden, aber auch von der Liebe, die sogar Feinden verzeihen kann.
Jesus verkündet diese Botschaft nicht nur mit Worten. Er lebt sie ganz und gar. Sogar seinen eigenen, schweren Weg geht er bis zum Ende, obwohl Zweifel, Schmerz und Leid sein Vertrauen auf eine harte Probe stellen. Selbst am Kreuz begegnet uns Jesus mit ausgebreiteten Armen, mit seinem tiefen Glauben, dass der Weg Gottes mit den Menschen nicht über Gewalt und Macht führt, sondern über Hingabe und Erlösung.
Viele Kinder, Jugendliche und Erwachsene spüren eine tiefe Sehnsucht nach einer solchen Liebe. Nicht zuletzt deshalb sind auch heute noch viele Menschen fasziniert von Jesus, der die Botschaft der Liebe Gottes mit seinem Leben bezeugt.
In der folgenden Gestaltung möchten wir einen Weg aufzeigen, wie in Kindergarten, Schule und Gemeindegruppen über einen längeren oder kürzeren Zeitraum hinweg die Geschichte Gottes mit den Menschen durch Jesus Christus sichtbar, erfahrbar, erlebbar verkündet werden kann. Als besonders geeignet erscheint uns die Fasten- und österliche Zeit, aber auch ein ganzes Schul- oder Kindergartenjahr kann dafür Grundlage sein.
Im Laufe der Zeit entsteht eine „biblische Landschaft“, in die hinein verschiedene Stationen aus dem Leben Jesu erzählt werden, in denen auf je eigene Weise die Gotteskindschaft Jesu und der Menschen aufscheint. Wir bereiten hierfür einen festen Platz, an dem die jeweiligen Gestaltungen verbleiben und weitergeführt werden können. Dies kann eine freie Ecke des Zimmers, ein Raumteiler, eine größere Fensterbank, einige verschieden hohe Tische oder ähnliches sein.

MATERIAL:

- farbige Tücher in ausreichender Anzahl und geeignetes Legematerial
- Grünpflanzen, Moos, Sand, Steine, Zweige, Weizenkörner, keimende Körner in Schälchen mit Erde, Vase mit Ähren, Blumen
- große Kerze
- Bildmappe: Die Bibel als Buch des Lebens entdecken, RPA-Verlag 2003/3

GESTALTUNGSVORSCHLAG

Die Vorgehensweise kann bei allen Stationen gleich bleiben.
Sie baut sich in folgenden Schritten auf:

1. Schritt

Versammlung um die „Landschaft" mit einem Lied, z. B.

Text: Margot Eder
Melodie: Thomas Brunnhuber

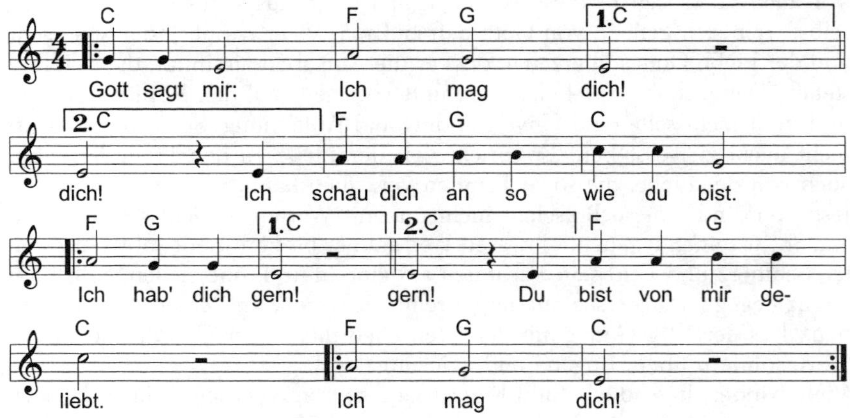

2. Schritt

Gestaltung der Station, z. B.:

- Taufe Jesu > ockerfarbene Tücher, Sand, Dornen, Steine, Fluss aus blauen Tüchern, Grünpflanzen und Blumen am Ufer
- Heilung der Schwiegermutter > graue und naturfarbene Tücher, Holzklötze zum Hausbau, evtl. ein kleines Kissen, grüne Zweige
- Heilung des jungen Mannes > graue Tücher, Holzklötze für ein Stadttor, evtl. eine kleine Decke, grüne Zweige
- Verklärung Jesu > grüne Tücher und erhöhten Unterbau für einen Berg
- Kindersegnung > grüne Tücher für weite Landschaft, Blumen, Moos
- Kreuzigung > graues Tuch und Unterbau für einen Hügel, Grünpflanzen
- Auferstehung > grüne Tücher, Blumen und Grünpflanzen für Ostergarten
- wachsende Saat > braune Tücher, Weizenkörner, Schälchen mit gekeimten Körnern, Vase mit Ähren

3. Schritt

Imagination des gestalteten Schauplatzes
Unter Augenschluss gehen wir, angeregt durch die Gestaltung des Versammlungsortes, in Gedanken an einen imaginären Ort. Die äußeren Bilder werden verinnert, werden als innere Bilder geschaut. In der Vorstellung begebe ich mich gleichsam an den Ort des zu erzählenden biblischen Geschehens, nehme ich teil daran, werde ich ein Teil davon.

4. Schritt

Betrachtung des entsprechenden Bildes aus der Mappe
Zunächst werden wir in Stille das Bild betrachten. Im Gespräch können die Beobachtungen, Vermutungen und Eindrücke ausgetauscht werden.

5. Schritt

Erzählung der biblischen Geschichte
oder Vorlesen des Textes, der sich auf der Rückseite der Bilder befindet. Singen die Kinder gern, wiederholen wir unser Lied vom Anfang: „Gott sagt mir: Ich mag dich!“ Im Anschluss daran stellen oder legen wir das Bild in unsere Landschaft.

6. Schritt

Deutung des Erlebten
Im Gebet, das von Kindern oder Leiter/in formuliert wird, geben wir dem, was wir gehört, gestaltet, erfahren haben, eine Deutung. Im Singen des Liedes auf der jeweiligen Bildrückseite kann sich der Eindruck noch einmal vertiefen und die Gestaltung ausklingen.

JESUS SEGNET DIE KINDER

TEXT

Da brachte man Kinder zu ihm, damit er ihnen die Hände auflegte. Die Jünger aber wiesen die Leute schroff ab. Als Jesus das sah, wurde er unwillig und sagte zu ihnen: Lasst die Kinder zu mir kommen. Hindert sie nicht daran. Denn Menschen wie ihnen gehört das Reich Gottes. Amen, das sage ich euch. Wer das Reich Gottes nicht so annimmt wie ein Kind, der wird nicht hineinkommen. Und er nahm die Kinder in seine Arme; dann legte er ihnen die Hände auf und segnete sie. Mk 10, 13 – 16

GEDANKEN ZUR ERZÄHLUNG

Die Geschichte findet vielfach ihren Erzählort im Kindergarten, im Kindergottesdienst, in der Grundschule. Sie scheint einfach zu sein, für manche anrührend, lieb, so richtig passend für Kinder. Sie ist dies alles, aber nicht nur.

Sie provoziert. Sie sagt mit großer Bestimmtheit: Wer nicht Kind sein kann, kommt nicht ins Leben. Sie zeigt einen Weg der Umkehr auf, fordert ein kindhaftes Verhalten und meint damit unter vielem anderen das vorbehaltlose Vertrauen, wie es Kindern zu eigen ist.

Mit dieser Aussage tritt die Geschichte aus der Erzählung einer mehr oder weniger historischen Begebenheit heraus. Sie wird richtungsweisend für unsere Existenz. Sie ruft uns auf, das Kind in uns wieder zu entdecken und so in eine ursprüngliche Beziehung zu Gott zu treten.

Sie erzählt des weiteren von der Handlungs- oder Wirkweise Gottes an uns. Gott segnet unser Kind. Er will, dass es voller Leben sei, ja die Fülle des Himmels erlange. Und all dies geschieht durch Jesus, den Gottessohn. In ihm wirkt Gott vor zweitausend Jahren und hier und heute.

INTENTION UNSERER VERMITTLUNG

Wem immer wir die Geschichte erschließen, unser Tun wird, wenn es von Herzen kommt, das Wissen über Jesus, seine Taten und über die Wirkweise Gottes vermehren. Das freilich genügt uns nicht. Wir möchten, dass über unsere Vermittlung eine Jesusbeziehung entsteht bzw. sich weiter vertieft. In der Begegnung mit Jesus und über ihn mit Gott können uns Heilung, Heil wiederfahren, uns Erziehern und den zu Erziehenden, uns Menschen aus Fleisch und Blut, mit Herz, Hand und Verstand.

Heilung wovon? Wir leiden unter einem Gespalten-Sein. Hier der Kopf, der Verstand, dort der Leib mit seinen Antriebskräften, das Herz mit seinen Sehnsüchten, mit seinem Hunger nach Wertschätzung, Geborgenheit, Liebe.

Hier mein Ich, das in seinen Forderungen maßlos und süchtig werden kann, dort das Verbundensein mit Menschen, die ihrerseits Ichs sind und Forderungen haben.
Heilung bedeutet, dass wir die oft gegensätzlichen Strebungen, Kräfte zu integrieren, in ein richtiges gegenseitiges Verhältnis zu bringen vermögen. Das Heil liegt in unserer Ganzheit, in der richtigen Beziehung sowohl zu uns selbst wie zu den anderen und in allem zu Gott. Jede biblische Geschichte erzählt letztlich vom Heil, möchte zur Heilung anleiten. Unsere Absicht ist es, gleich Johannes dem Täufer, diesem Heil Wege zu bereiten.

UNSER WEG

In unserer Segensgeschichte begegnen wir einer emotionsgeladenen Interaktion zwischen Kindern und wohl ihren Müttern, den Jüngern Jesu und Jesus selbst.
Kinder kommen mit Erwartung und Neugierde. Jünger weisen schroff ab. Jesus wird unwillig. Er weist tadelnd zurecht. Er sucht die Nähe der Kinder, lässt sie an sich heran. Er nimmt sie in die Arme. Er segnet sie.
Wenn wir so eine Geschichte als Heilbotschaft vermitteln, müssen wir uns diesen Emotionen stellen. Sie sind doch auch die unseren, die Antriebskräfte für unser Leben. Sie müssen in rechte Ordnung gebracht werden, Jesus vermag es. So genügt eine Verlesung oder Erzählung der Geschichte, ihre Deutung auf der Verstandesebene nicht. Es bedarf eines Hineingeführtwerdens in die geschilderten Interaktionen, ihres Nachvollzugs seelisch und leibhaft, damit wir sie als Geschichte, die uns meint, schauen lernen.
Der Weg der Religionspädagogischen Praxis zielt auf eine derartige, ganzheitliche Erfahrung. Wir begegnen einer Geschichte, erschließen sie auf mehreren Ebenen,
durch Versprachlichung,
durch Verbildlichung,
durch Verleiblichung.
Über die Sprache hören wir die Geschichte. Im Gespräch setzen wir uns mit ihr auseinander, lernen wir, sie zu verstehen, zu deuten.
Ihre Verbildlichung leitet dazu an, dass wir über die Geschichte „im Bilde sind". Dies bedeutet ein tieferes Verständnis. Wir schauen sie in ihrem symbolhaften Charakter, in ihrer Tiefendimension.
In der Verleiblichung geht die Geschichte unter die Haut. Wir schauen sie als etwas, worin wir selbst vorkommen.
Wir nennen den Erschließungsprozess, der sich der genannten Ebenen bedient, Anschauung. Damit meinen wir über eine Begegnung mittels all unserer Sinne, mit Herz und Verstand hinaus auch den methodisch didaktischen Aufbau, durch die der Erschließungsprozess strukturiert ist. Dieser Aufbau, der sich in all unseren Einheiten mehr oder weniger wiederfindet, ist zuletzt in Heft RPP 2000/ 3, S. 25-27 dargestellt.

DIE GESCHICHTE ALS ANSCHAUUNG

Die Erzählung von der Segnung der Kinder lädt insbesondere zur Verleiblichung ein. Die Verbildlichung beschränkt sich in dieser Einheit auf die Bibel selbst mit der Bereitung eines Ehrenplatzes dafür. Eine Bildgestaltung kommt nochmals zum Tragen in Einzelbildern, mit denen die Teilnehmer ihre persönliche Begegnung mit der Geschichte vertiefen und zum Ausdruck bringen.

Sich um eine Mitte sammeln

❍ Ein Reifen kommt ins Spiel, wandert von einem zum anderen, sammelt die Teilnehmer, die sich an ihm halten, direkt, oder indirekt über die Schultern des Vordermannes.

❍ Wir suchen in dieser Verbundenheit die Mitte des Raumes, legen dort den Reifen ab.

❍ Einzelne Teilnehmer gestalten ihn mit goldenen Zacken, Streifen, Kugeln etc. zu einem kostbaren Rahmen.
Erinnerung an bereits Erlebtes wird geweckt, eine neue Begegnung mit der Hl. Schrift eingeleitet.

Die Mitte mit dem Thema füllen

❍ Der Rahmen wird gefüllt. Die Bibel bekommt in ihm Platz, wird enthüllt, entdeckt.

❍ Einzelne treten mit ihr in Kontakt, indem sie zur Mitte treten, die Bibel berühren, aussprechen, welche Geschichten sie sch daraus kennen oder Personen beim Namen nennen, die darin vorkommen.

Es kann der Einzelne einen Satz nennen, den er aus diesem Buch weiß, z.B. Jesus sagt: „Ich bin der gute Hirte".

❍ Wir können die Bibel auch, wie in der Kirche, hocherhoben im Kreis tragen, sie mit einem Hallelujaruf begrüßen, um sie dann in der Mitte abzulegen.

Mit einer kostbaren Geschichte vertraut werden

Der Text, Mk 10,13 – 16 wird aufgeschlagen. Wir hören zunächst den Wortlaut der Erzählung. Dies kann auch wiederholt werden. Dem Hören folgt ein Sich – Befassen, ein Vertrautwerden mit der Geschichte und zwar durch ein Miteinbezogenwerden in die geschilderten Ereignisse. Die einzelnen Schritte sind folgende:

<u>1. Schritt</u>

Eine Kerze (eingeführtes Symbol für Jesus, das Licht) wird entzündet. Sie wandert im Kreis von Teilnehmer zu Teilnehmer bzw. wird von einem Teilnehmer im Kreis getragen. Eine RAHMENERZÄHLUNG *begleitet das Tun.*

Der Erzähler schildert, wie Jesus, begleitet von Freunden, den Jüngern, durch die Städte und Dörfer seiner Heimat wandert. Menschen nehmen es wahr, Alte, Junge, Frauen, Männer. Sie kommen aus ihren Häusern, um diesen Jesus zu hören, zu sehen, zu berühren. Sie kommen mit der Frage, wer dieser Jesus wohl sei.

Mit dieser Frage werden die Gruppenmitglieder selbst konfrontiert. Was wissen sie zu dieser Person Jesus zu sagen? Wissen sie überhaupt etwas über ihn zu sagen? Was bedeutet eine eventuelle Aussage wie Prophet, Gottesmann, Gottessohn usw.?
Und wer kommt zu Jesus? Wer bleibt zu Hause? Was sind die unterschiedlichen Motivationen (für den einen wie für den anderen)?

<u>2. Schritt</u>

Die Kerze findet bei der Bibel ihren Platz. Der Tagestext, Mk 10, 13 – 16 kommt ins Spiel. Die Gruppenmitglieder (Kinder) werden zu Beteiligten, zu Mitspielern.

Jesus ist wieder unterwegs. Die Freunde begleiten ihn. Menschen sehen Jesus kommen. Sie rufen die Nachricht einander zu, etwa so: „Wer sich für Jesus interessiert, kommt aus seinem Haus!" Diesmal sind es vor allem Frauen, Mütter mit ihren Kindern. Warum?

Wiederum suchen die Teilnehmer nach möglichen Beweggründen für diesen Personenkreis.

Die Freunde Jesu sind erschrocken. Sie schätzen die Kinder gering ein, eben als Kinder, die von Jesus nichts verstehen. Sie wollen die Mütter und Kinder von Jesus abhalten. „Jesus ist müde. Kinder sind zu klein", denken sie wohl.

Suche nach abweisenden Worten und abweisenden Gesten und Vollzug derselben, unter Umständen mehrmals, z. B. „Nein, nein, nein! Kinder, geht jetzt heim!"

Jesus ist verwundert, ja zornig.

Den Unwillen Jesu in Gestik und Worten darstellen, z.B. mit dem Fuß aufstampfen, mit der Hand die Rede der Jünger abwehren, usw.

Jesus tut das Gegenteil. Er lädt die Kinder ein, ganz nahe zu kommen. Jesus weiß, sie verstehen sehr wohl etwas von Gott, vom Himmel, vom Himmelreich. Sie verstehen mit dem Herzen, was Erwachsene mit dem Verstand nicht begreifen.
Einladende Geste, die die Kinder, die Gruppenmitglieder auffordert, aufzustehen, zur Mitte zu kommen, dort eventuell am Boden Platz zu nehmen oder die Mitte zu umstehen.

3. Schritt

Was wird Jesus tun?

Diese Frage lässt viele Vorstellungen bzw. Antworten zu, wie: Er spielt mit ihnen. Er singt. Er erzählt Geschichten. Die Vorstellungen der Teilnehmer können aufgegriffen, hinterfragt, vielleicht auch vollzogen werden, z.B. im gemeinsamen Singen eines vorgeschlagenen Liedes.

4. Schritt

Jesus erzählt den Kindern von Gott als unserem Vater. Er erzählt, dass Gott wie ein guter Hirte ist, der das verlorene Schaf sucht. Gott hat ein Haus mit vielen Wohnungen für die, die den Tod erleiden müssen.
Jesus lässt die Kinder etwas von der Liebe Gottes, des Vaters im Himmel spüren. Er segnet sie.

Kindern werden in Sammlung einzeln die Hände aufgelegt. Der Leiter spricht jedem Kind einen Segenswunsch zu, den es auf Grund seiner persönlichen Situation braucht, z.B.
Gottes Liebe möge dich begleiten auf all' deinen Wegen, bei Tag und Nacht.
Gott gebe dir Mut, wenn du mutlos, traurig bist.
Gott schenke dir Liebe in dein Herz hinein.
Gott gebe dir Kraft zum Helfen, Teilen, usw.

Der Leiter kann bzw. soll sich selbst von einem Kind segnen lassen.
Eine weitere Möglichkeit ist, dass die Teilnehmer gleichzeitig ihren rechten Nachbarn die rechte Hand auf die Schulter legen und dabei singen:

Text u. Melodie: Franz Kett
Kanon

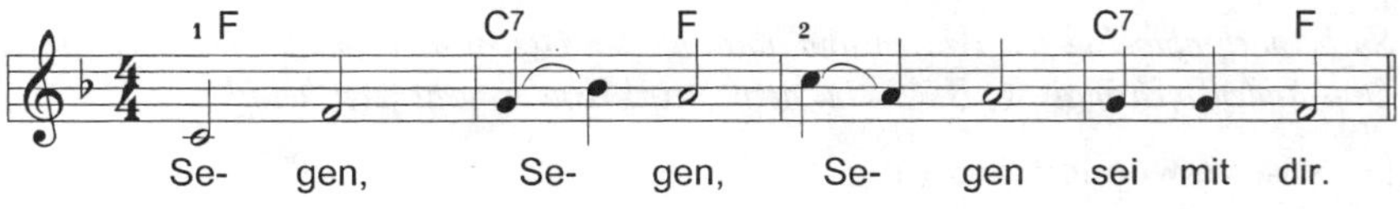

oder:
„Die Hände auflegen bedeutet Segen, meine Hände machen dich still." siehe RPP 1996/ 1, S. 45

Zum Ausdruck bringen, was bewegt

Nach all diesem Hören, Reden, Handeln in der Gruppe ist es an der Zeit, dass die Kinder, Teilnehmer die Muße bekommen, mit dem Erlebten alleine umzugehen, um das, was erfahren wurde, ganz persönlich zu verarbeiten und zu vertiefen.
Unterschiedliche Möglichkeiten bieten sich an: die schriftliche Fassung der eigenen Gedanken und Eindrücke; ihre Darstellung über Zeichnen, Malen; die Gestaltung eines Legebildes. Wir wählen für Kinder im Elementarbereich, aber auch sonst gerne, die letztgenannte Möglichkeit. Es wird dazu, wenn noch wenig Übung besteht, eines Impulses bedürfen, z.B.:
Die Kinder, die den Segen Gottes empfangen haben, spüren in ihren Herzen Mut, Freude, Licht, Liebe. Ob ihr solch ein Herz, euer Herz, jeder das seine gestalten könnt? oder:
Ihr empfangt für die Liebe, die Gott im Segen schenkt, ein Licht. Ihr könnt es mit Legematerial als Sonne, Stern oder einfach als Segenslicht umstalten.
Eine völlig freie Gestaltung ist das Ziel dieses Lernprozesses. Sie bedarf, wie gesagt, einiger Übung und des rechten Umgangs mit Legematerial.

Deutung in einem abschließenden Gebet

Die Erfahrungen mit der Geschichte, insbesondere die Segensgeste für jeden einzelnen, die persönlichen Darstellungen des Gesegnet - Seins finden eine letzte Deutung in Bitten und Danksagungen, die einzelne Teilnehmer, Kinder aussprechen, bzw. vom Gruppenleiter stellvertretend für alle zur Sprache gebracht werden.

DU BIST MEIN GELIEBTES KIND

Text u. Melodie: Klaus Gräske

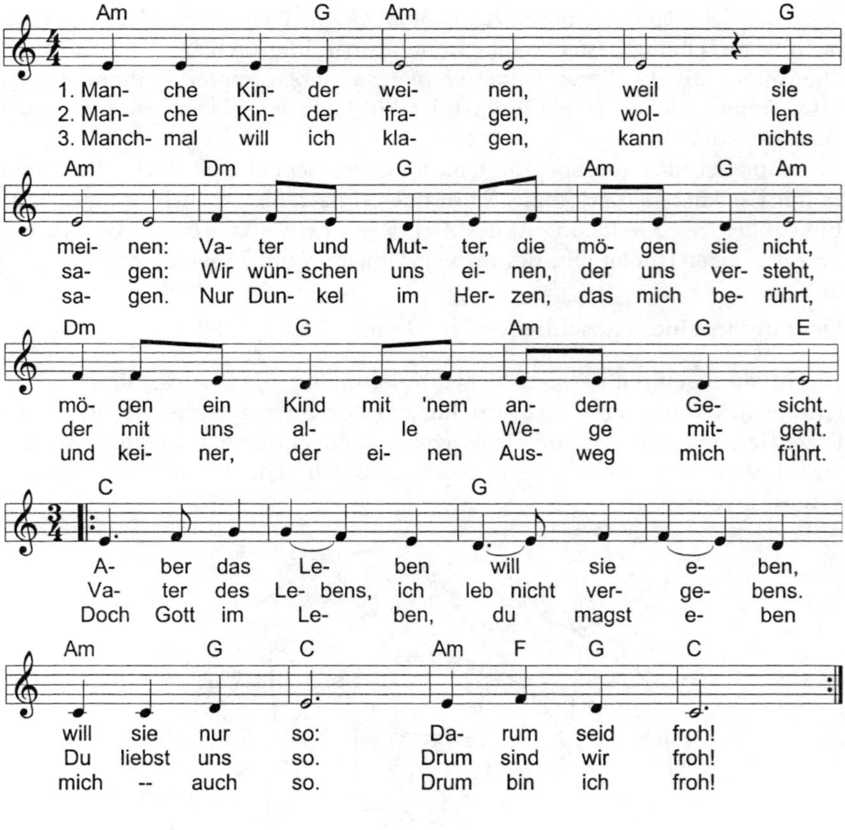

KINDERBIBELKREIS IN HOLLFELD

Ein Kinderbibelkreis – geht so etwas?

Hallo Kinder,
so lautete die Überschrift auf der Kinderseite unseres Pfarrbriefes im Sommer 1992. Es war gleichzeitig die Einladung zur Gründung eines Kinderbibelkreises. Anlass dieser Einladung war zum einen das „Jahr der Bibel" und zum anderen die Motivation durch eine religionspädagogische Fortbildung unter Leitung von Herrn Franz Kett in Traunstein. Dazu kam die Herausforderung zu Weitergaber des Glaubens an die nachkommende Generation, die ich spürte.
Letztlich ausschlaggebend waren dann einige Meinungen zur Bibel, die Schulkinder äußerten: „Ich kann die Bibel schon nicht mehr sehen. Es ist immer das Gleiche. Die Bibel ist furchtbar fromm. Wer wird schon so fromme Sachen lesen? Die Bibel ist langweilig. Wen interessieren solche alten Geschichten?"

Die Erfahrungen aus der Kindergartenarbeit haben gezeigt, dass Kinder Freude daran haben, Geschichten von Jesus zu hören. Und so war eben das „Jahr der Bibel" der geeignete Zeitpunkt, einer Gruppe von Kindern aller Altersstufen eine Möglichkeit anzubieten, Erzählungen aus der Bibel kennen zu lernen, damit sie nicht als todlangweilig empfunden werden. In der Begegnung mit der Heiligen Schrift sollten Kinder Wesentliches über Gott und Jesus erfahren.
Die Frage war nun: Würden Kinder und Eltern das Angebot, einmal in der Woche für eine Stunde in den Pfarrsaal zu kommen, annehmen?
Das Angebot wurde angenommen! Über 30 Kinder sind der Einladung gefolgt und haben mit Begeisterung an der ersten Bibelstunde teilgenommen. Anfangs überlegte ich sogar, zwei Gruppen zu bilden. Im Laufe der Zeit hat sich die Zahl der Kinder aber auf 20–24 eingependelt.

Die Arbeitsweise und Themen des Kinderbibelkreises

Wenn die Kinder erleben, dass wir sie mit ihren Vorstellungen und Gedanken ernst nehmen, dann stellen sie uns auch Fragen. Im Gespräch gelingt es uns – mal besser, mal schlechter – unsere Glaubensvorstellungen in Worte zu fassen und den Kindern zu vermitteln. Dabei helfen uns die Berichte und Erzählungen der Bibel.
Die Geschichten sollen Kinder nicht „nett unterhalten", sondern sie sollen Lebenserfahrung erschließen und Menschen aufzeigen, in deren Leben und Wirken sich die Kinder wiederfinden: Im Lachen und Weinen, im Erfolg oder Scheitern, in Schuld und Verzeihung, im Teilen und Helfen, im Streit und in der Versöhnung.
Erfahrungen aus der pädagogischen Arbeit haben gezeigt, dass es mit Vorlesen und Erzählen biblischer Geschichten nicht getan ist. Die bildhafte, sinnenorientierte Gestaltung, wie sie in den Heften der *Religionspädagogischen*

Praxis angeboten wird, bietet den Kindern einen Hintergrund im Leben und spricht nicht nur den Verstand, sondern auch das Herz an.
Ausgewählt werden die Themen für die Bibelstunden aus dem Alten und Neuen Testament und meistens dem jahreszeitlichen Ablauf und dem des Kirchenjahres angepasst. Zum Beispiel hat die Erzählung der Schöpfungsgeschichte und ihrer Ausgestaltung im Sommer viele Wochen in Anspruch genommen.
Eine Bereicherung sind Partnerspiele, Beziehungsübungen und die Vielfalt der Liedrufe, Lieder und Tänze, die die Zusammengehörigkeit der Gruppe, Hilfsbereitschaft und Rücksichtnahme der Älteren gegenüber den Jüngeren fördern. Häufig verwende ich auch die Blätter des Bibelmalbuches. So können sich die Kinder mit den biblischen Geschichten und ihren Gestalten längere Zeit auseinander setzen und sich über eine selbstgestaltete Bibelmalmappe freuen.
Besonders beliebt sind Veranstaltungen in der Öffentlichkeit. So durften die Kinder des Bibelkreises im Rahmen einer adventlichen Feierstunde das Licht aus Bethlehem in die Kirche bringen und es an die Kirchenbesucher austeilen. Ein besonderes Erlebnis ist es für die Kinder, wenn sie bei Fortbildungstagen im Kindergarten, die von Herrn Kett geleitet werden, als Kindergruppe dabei sein dürfen. Auch die Gestaltung des Gottesdienstes beim ökumenischen Familienpilgerweg haben die Kinder übernommen.

Wie es weitergeht

Elf Jahre besteht nun der Kinderbibelkreis mit durchschnittlich neunzehn teilnehmenden Kindern. Zwei dieser „Kinder" sind jetzt 18 Jahre alt und seit ihrem siebten Lebensjahr mit Eifer dabei.
Ich denke, dass doch einige Samenkörner auf gutes Erdreich gefallen sind und Frucht gebracht haben. Und so hoffe ich, das diese beiden jungen Frauen eines Tages den Bibelkreis übernehmen und weiterführen werden.

DIE BIBEL ALS ERZIEHUNGSHILFE ? – EIN ELTERNABEND

Folgender Vorschlag für einen Elternabend im Kindergarten oder in der Pfarrgemeinde versucht zunächst, **Forderungen der neueren Bildungsdiskussion,** die viele Eltern zunehmend beschäftigt und verunsichert, aufzugreifen und mit den Grundpfeilern religiöser, d. h. biblisch-christlicher Erziehung in Beziehung zu setzen. Dabei wird deutlich, dass religiöse Erziehung aus dem Geist der Bibel einen wertvollen Beitrag zur Bildung und Erziehung unserer Kinder leistet.
In einem zweiten Schritt werden Eltern eingeladen, eine **praktische Sequenz** ganzheitlich-religiöser Erziehung nach dem Weg der Sinnorientierten Pädagogik nicht nur diskursiv, sondern erfahrungsbezogen zu erleben. Dies bedarf einer langsamen Hinführung der Eltern, die Raum lässt für eigene Glaubenserfahrungen, aber auch für Distanz, Zweifel und Unsicherheiten.
Der dritte Teil des Abends dient dem Austausch über die Wünsche und Fragen der Eltern und der Einladung, weiterhin im lebendigen Gespräch auch über religiöse Themen und Anliegen zu bleiben.

IMPULSREFERAT

Bildung – wofür?

„Unsere Kinder lernen für das Leben!“ Diesen fast lapidar klingenden Satz kann jeder Pädagoge unterschreiben. Er weist darauf hin, dass Bildung neben kindgemäßem Sach- und Weltwissen auch Lebenswissen zu vermitteln hat. Für das Leben zu lernen heißt, dass ein Kind Fähigkeiten und Fertigkeiten erlernen muss, um den Anforderungen der heutigen Gesellschaft gewachsen zu sein. Für das Leben zu lernen heißt aber auch, die sog. emotionale Intelligenz zu entwickeln, soziale Kompetenz zu gewinnen und ethische Werte für sich zu entdecken. Bildung im umfassenden Sinn schließt die Förderung aller positiven, d.h. lebensbejahenden Ressourcen des Menschen mit ein. Sie stärkt die Fähigkeit des Kindes, sich mit seinen aggressiven und manchmal zerstörerischen Kräften auseinander zu setzen. Sie gibt Impulse zur Gewissensbildung und zur Bildung des Herzens.

Anerkannte Erziehungsziele und ihre biblischen Grundlagen

Das christliche Gottes- und Menschenbild, das unsere westliche Kultur weitgehend geprägt hat, gibt für heutige Erziehungsziele gute Grundlagen. Es hat seinen Ursprung im Bild des Menschen, das in der Bibel gezeichnet wird. Stellen wir, wie der Religionspädagoge Peter Beer, diese Erziehungsziele den Aussagen der Bibel gegenüber, lassen sich die Zusammenhänge deutlich erkennen:

1. Der selbstbewusste Mensch – der menschenfreundliche Gott
Die Annahme eines verlässlichen und menschenfreundlichen Gottes gibt Sicherheit und nimmt die Angst. Selbstbewusst kann der Mensch den Herausforderungen der Welt begegnen, ohne vorschnell zu verzagen. Kreativ, zwanglos und frohen Mutes kann mit Lebensaufgaben umgegangen werden, denn im Hintergrund steht die Überzeugung: Ich werde nicht fallen gelassen, auch wenn manches misslingt.

2. Der beziehungsfähige Mensch – der Gott für alle
Gott ist Hilfe, Unterstützung, Begleitung und Hoffnungsgeber für alle Menschen. Er steht zu jedem Menschen mit seinen Besonderheiten und Eigenheiten. Weil er zu allen steht, gehören alle Menschen zusammen. Er gibt allen Menschen ihre unverwechselbare Würde. Er macht fähig, in Beziehung zu kommen und darin sowohl den Eigenwert als auch den Wert der Anderen zu sehen.

3. Der wertorientierte und selbstverantwortliche Mensch – der Schöpfergott
Die Schöpfung ist von Gott gewollt und geliebt. Daraus ergeben sich Spielregeln für das Zusammenleben aller Geschöpfe. Aufgabe des Menschen ist es, diese Gebote verantwortlich zu beachten und den Wert allen Lebens zu erkennen. Aber Menschen machen Fehler und werden schuldig. Doch der liebende Gott ist ein Gott der Vergebung, der den Menschen die Möglichkeit einräumt, sich zu ändern.

4. Der im Leben stehende Mensch - der anschauliche und gegenwärtige Gott
Wenn Menschen sich der Nähe Gottes bewusst werden und die Gelegenheit erhalten, über sich und ihr Leben nachzudenken, werden sie sich klar, was wirklich trägt und wichtig ist. Sie werden erkennen, was sie erreichen wollen, wo sie versagt haben oder was gelungen ist. Wenn sich Menschen darüber klar werden, werden sie auch ihr Leben besser meistern können, das Leben bestehen.

Religiöse Erziehung als Lebenshilfe

Auf argumentative Weise haben wir versucht, religiöse Erziehung auf dem Hintergrund der neueren pädagogischen Diskussion zu hinterfragen und zu begründen. Neben diesen sachlichen Überlegungen steht aber auch der Wunsch vieler Eltern und Erziehenden, den Kindern eine Lebenshilfe mitzugeben, die sie stark machen kann, in den Gefährdungen ihres Daseins voller Hoffnung und Zuversicht ihren Lebensweg zu gehen.
Solche Hoffnungsgeschichten bietet die Hl. Schrift in großer Zahl. Sie können dazu beitragen, das Vertrauen des Kindes zu stärken, die Liebe zu sich und der Welt zu pflegen. Sie können ihm Mut machen, sein Leben verantwortungsvoll und tatkräftig in die Hand zu nehmen. Und sie können ihm helfen, mit ausgeprägter Frustrationstoleranz enttäuschte Erwartungen oder miss-

glückte Lebensvorhaben zu meistern. Die Vorbildgeschichten der Bibel können Kinder und Erwachsene anregen, im Vertrauen auf den Beistand Gottes ihr Leben anzunehmen in allen Situationen, die ihnen begegnen.

ANSCHAUUNG

Im Folgenden werden die Gestaltungsmöglichkeiten in einzelnen Schritten aufgezeigt. Dabei können sich die Eltern jeweils im Gespräch und im Tun einbringen. Der Hinweis, dass in ähnlicher Weise eine Betrachtung in der Kindergruppe oder zu Hause gestaltet werden kann, soll den Eltern die Möglichkeit eröffnen, die Arbeit in Kindergarten, Klasse oder Pfarrei kennenzulernen und eine Anregung für das familiäre Leben mit nach Hause zu nehmen.
Da wir gemeinsam eine Hl. Schrift entdecken wollen, sollte diese folgendermaßen vorbereitet sein: Ein großes schwarzes Tuch oder eine nachtblaue Tischdecke dient als Grundlage. Darauf wird ein gelbes Rundtuch ausgelegt. Ein Faltschnittstern aus Goldfolie bildet den Mittelpunkt, auf dem eine schöne Bibel ihren Platz findet. Sie wird verdeckt, indem die Strahlen des Sterns und die Tücher nacheinander darüber gelegt werden. Schließlich entsteht ein dunkles, schwarzes „Paket".
Eine Anleitung für einen kostbaren Bibeleinband zum Selbstgestalten findet sich in diesem Heft auf S. 20

Vom Dunkel zum Licht

L trägt die im dunklen Tuch verborgene Bibel in den Kreis.

❍ Im Gespräch werden die verschiedenen Assoziationen dazu geäußert, z. B.:
- schwarz ist die Nacht
- da habe ich Ruhe
- da kann ich entspannen
- manchmal müssen wir Menschen Dunkles tragen
- das Dunkel annehmen
- dunkel ist die Angst
- in der Dunkelheit ist es still
- ich warte, dass die Nacht zu Ende geht usw.

❍ L weist darauf hin, dass in dem, was sie trägt, etwas verborgen ist. Nach und nach öffnen einzelne Eltern die Tücher. Bevor das Buch zu sehen ist, halten wir inne.

Mitten im Dunkel ist es hell, licht.
Wir haben das Helle, Lichte entdeckt..
Die Dunkelheit hat sich gewandelt.
Eine tiefe menschliche Erfahrung steckt in diesem Bild.
Der Dichter Jörg Zink hat sie so ausgedrückt:
„In der Mitte der Nacht ist der Anfang des Tages."

Gottes Wort ist wie Licht

❍ Der Stern wird entfaltet. Die Hl. Schrift wird sichtbar.

❍ *Für viele Menschen auf unserer Erde ist dieses Buch ein Buch des Lebens. Für Gläubige, Zweifelnde, Hoffende, Traurige, Fröhliche, Ungläubige, Fragende ist die Bibel das Buch der Bücher. In über 2200 Sprachen wird es gelesen, weil es Texte enthält, die Antworten geben können auf die Fragen unseres Lebens, weil es Zusagen enthält, die Licht bringen in die Finsternis.*

❍ L verweist auf das Lied: „Gottes Wort ist wie Licht in der Nacht“. Es kann zitiert werden oder vorgesungen, von einem Tonträger abgespielt oder mit den Eltern gemeinsam gesungen werden.

T. und M.: aus Israel

Lichtworte zum Ausdruck bringen

❍ In einem überleitenden Gespräch kann L die Eltern einladen, „Lichtworte“ aus der Bibel auf vorbereitete Strahlen zu schreiben. Dabei kann im Vordergrund stehen, welches Bibelwort ihnen für ihr Kind wichtig wäre.
Als Alternative sollten einige Worte oder Sätze auf gelben Tonpapierstrahlen zur Verfügung stehen, aus denen Eltern auswählen oder sich anregen lassen können, z. B.:

Fürchte dich nicht!
Ich bin bei euch alle Tage.
Gott ist wie ein barmherziger Vater.
Gott ist wie ein guter Hirte.
Lasst die Kinder zu mir kommen.
Sorget nicht!
Den Kindern gehört das Reich Gottes.
Der Herr ist mein Hirte, nichts wird mir fehlen.
Du führst mich hinaus ins Weite.
Du führst mich ins Licht.
Du machst meine Finsternis hell.

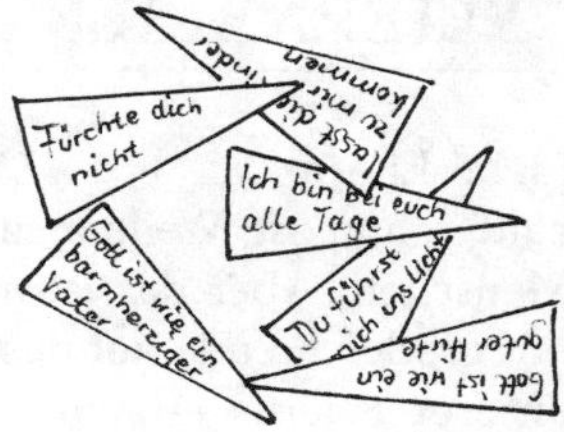

❍ Zu meditativer Musik oder in Stille werden die Strahlen um den Stern gelegt. In Gedanken können dabei die Kinder in dieses Tun hineingenommen werden. Mit verschiedenen Legematerialien, wie Edel- und Glassteine, Goldzacken, Plättchen usw., wird das Mittebild geschmückt. So haben die Eltern Zeit, noch ein wenig bei ihren Gedanken zu verweilen und das Erlebte wirken zu lassen.

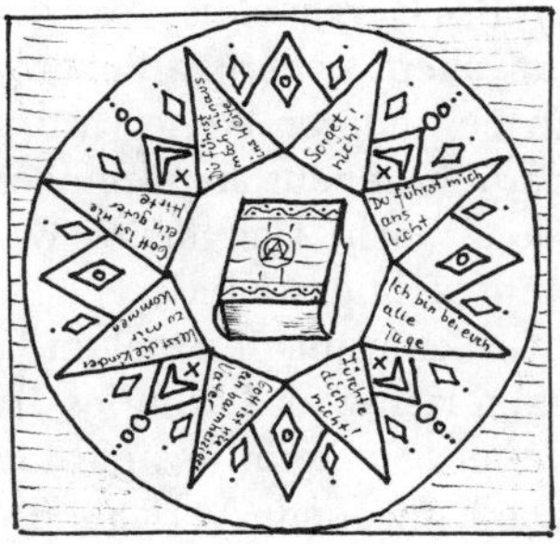

Das Erlebte deuten und übertragen

❍ In einem abschließenden Gebet kann der Wunsch zum Ausdruck kommen, dass Gott allen Menschen in seinem Wort und in seiner Liebe nahe sein möge, dass er allen Kindern und ihren Familien Licht sein möge – in dunklen und in frohen Zeiten.

GESPRÄCH

❍ Im weiteren Gespräch können die Erzieherinnen ihren Willen bekunden, die Anregungen der Eltern für die religiöse Erziehung ihrer Kinder ernst zu nehmen und umzusetzen. Die Besprechung verschiedener Fragen und Anliegen der Eltern gehört dazu ebenso wie die Vereinbarung, weiterhin in einem lebendigen Austausch zu bleiben.

❍ Als Angebot für die Adventszeit und gleichsam als Fortsetzung des begonnenen Dialogs werden die Eltern eingeladen, einen kostbaren Umschlag für die Familienbibel zu gestalten. Sie kann gleichsam ein „Familien-Weihnachtsgeschenk" werden.
Ein Werkvorschlag und eine Gestaltung des Heiligen Abends in der Familie finden sich auf den folgenden Seiten.

FAMILIENWEIHNACHT – EINMAL ANDERS ELTERNBRIEF

Liebe Eltern,
bald schon ist Weihnachten. Viel Trubel und Hektik füllt die Tage vieler Menschen. Aber das ist nicht alles. Im Kindergarten haben sich die Kinder mit großer Freude auf das Fest vorbereitet. Sie haben auch den tieferen Sinn unseres Feierns erkannt. Einige haben es so formuliert: „An Weihnachten feiern wir die Geburt des Jesuskindes".
Wir feiern das Weihnachtsfest nicht nur in der Kirche, sondern zu Hause in unseren Familien. Wir bedenken dabei, dass die Geburt jedes Kindes ein großes Geschenk ist. Wir danken an Weihnachten für alle Kinder dieser Erde, vor allem sicherlich für unsere eigenen.
In besonderer Weise wird uns bewusst, welch eine großartige Botschaft uns darüber hinaus an Weihnachten gesagt wird: Der unendliche und allmächtige Gott macht sich klein. Er wird Mensch, er wird sogar ein hilfloses und ohnmächtiges Kind.
Dies kann uns innehalten lassen im Getriebe der Zeit. Das kann uns aufhorchen lassen im Lärm des Trubels. Dies kann uns Freude bringen in schweren Zeiten. Da kann uns ein Licht aufgehen, damit wir tiefer schauen können.
Die beiliegende Vorlage für die Gestaltung des Heiligen Abends in der Familie möchte eine Hilfe sein, miteinander ein schönes Fest zu feiern, bei dem wir die Freude der Kinder an der Weihnachtsbotschaft aufnehmen. In der vorliegenden Form ist sie für größere Kindergarten- und Schulkinder geeignet. Für kleinere Kinder kann sie vereinfacht und gekürzt werden. Jugendliche können im Vorfeld selbst geeignete Texte zur Ergänzung und Vertiefung suchen.
Zunächst geht es darum, miteinander still zu werden, denn in der Stille können wir die leisen Töne hören, können wir mit dem Herzen hören, wie Kinder es tun. Dann entdecken wir ein Symbol, einen Stern, der uns von der Nacht erzählt und von der Sehnsucht der Menschen nach Licht in der Dunkelheit.
Als „Familienüberraschung" entdecken wir gemeinsam unsere Familienbibel, die wir mit einem schönen Einband geschmückt haben. Sie wird uns in Zukunft begleiten und uns Worte des Lebens vermitteln.
Anschließend lesen wir den Text von der Geburt Jesu und spielen ihn symbolhaft nach, indem die Kinder das Jesuskind in die Mitte bringen und ihm einen Platz bereiten.
In der anschließenden Bescherung werden wir uns bewusst, dass Gott uns Freude schenkt und wir diese weiterschenken wollen, auch in den liebevoll verpackten Weihnachtsgeschenken.

Ein frohes Weihnachtsfest wünscht
Ihr Kindergartenteam

EIN KIND WIRD UNS GEBOREN

Was vorzubereiten ist

- ein Weihnachtsglöckchen oder Klangspiel
- ein Faltstern aus Goldfolie oder gelbem Tonpapier geschnitten, zwischen zwei dunklen Tüchern oder in einer Tischdecke verborgen
- Familien- oder Kinderbibel mit kostbarem Einband
- Figur eines Jesuskindes aus der Weihnachtskrippe o. ä.
- zum Schmücken unserer Mitte farbige Glassteine, Halbedelsteine, aus Goldfolie geschnittene Zacken und Scheiben oder Teelichter

Still werden und lauschen

❍ Wir versammeln uns um den Tisch. Vater oder Mutter lassen den Klang des Glöckchens hören.

❍ Reihum darf jede/r einmal läuten. Wir werden still und hören auf den Ton.

❍ Wir schließen die Augen. Vater oder Mutter können nach einer kurzen Stille sprechen:
Ich bin ganz still. In meinem Inneren höre ich noch den leisen Ton.
Meine Augen sind geschlossen. In ihnen ist Nacht.
In die Nacht hinein kann ich lauschen.
In der Nacht kann ich eine Botschaft hören.
Die Botschaft spricht von Verheißung und Erlösung.

Einen Stern entdecken

❍ Wir tragen den verdeckten Stern in die Mitte des Tisches. Wir sehen die dunkle Farbe – schwarz, blau – wie die Nacht, die Dunkelheit.

❍ Wir schlagen das Tuch auf. Der Stern wird sichtbar. Mit dem Glöckchen kann das Tun begleitet werden.

Ein Versprechen hören

❍ Die Bibel wird von den Eltern in den Kreis gebracht. Mit kleineren Kindern kann sie erfühlt, ertastet werden. Jede/r darf sie einmal in Händen halten.

❍ Die Eltern können erzählen, dass in der Bibel Gott ein Versprechen gegeben hat. Bei Jesaja ist es aufgeschrieben:
Das Volk, das im Dunkeln lebt, sieht ein helles Licht; über denen, die im Finstern wohnen, strahlt ein Licht auf. (Jes 9,1)

❍ Ältere Kinder und Jugendliche können verschiedene Verheißungen als Licht- und Hoffnungsworte aus der Bibel vorbereiten und lesen.

Das Jesuskind schauen

Gott hat uns das Licht versprochen. Der Stern leuchtet auf in dunkler Nacht. Gottes Wort nimmt Gestalt an, nimmt Fleisch an, wird Mensch. Gott wird Mensch in Jesus.

❍ Das Jesuskind aus der Weihnachtskrippe wird behutsam in den Kreis gebracht. Ein kleineres Kind kann es empfangen. Mutter oder Vater erzählt:
In die Nacht der Welt hinein wird ein Licht geschenkt. Die Hirten, die Menschen am Rande der Gesellschaft, die Außenseiter – sie dürfen dieses Licht, dieses Kind als erste schauen.

❍ Ein großes Kind oder ein Erwachsener liest aus der Heiligen Schrift:
In jener Gegend lagerten Hirten auf freiem Feld...
Da trat der Engel des Herrn zu ihnen und der Glanz des Herrn umstrahlte sie...
Der Engel aber sagte zu ihnen: Fürchtet euch nicht, denn ich verkünde euch eine große Freude, die dem ganzen Volk zuteil werden soll: Heute ist euch der Retter geboren... Und das soll euch als Zeichen dienen: Ihr werdet ein Kind finden, das, in Windeln gewickelt, in einer Krippe liegt. Und plötzlich war bei dem Engel ein großes himmlisches Heer, das Gott lobte und sprach: Verherrlicht ist Gott in der Höhe, und auf Erden ist Friede bei den Menschen seiner Gnade. (Lk 2, 8 ff)

Das Erlebte gestalten und deuten

❍ Mit einem bekannten Weihnachtslied, z.B. „Kommet, ihr Hirten...“ wenden wir uns dem Jesuskind zu. Wie die Hirten schauen wir es eine Weile still an.

❍ Mit Glas- und Edelsteinen, goldenem Material oder Teelichtern schmücken wir unser Tischbild.

❍ Im gemeinsamen „Vater unser“ oder im freien Gebet danken wir für Jesus, den Gott uns schenkt und für die Weihnachtsfreude in unserem Haus.

Einander Freude schenken

❍ Zum Abschluss lassen wir noch einmal unser Glöckchen erklingen und leiten über zur Bescherung, indem erzählt wird, dass wir Menschen die Freude der Weihnachtsbotschaft weitergeben wollen und viele sich deshalb am Weihnachtsabend beschenken.

DIE BIBEL - DAS BUCH DER BÜCHER

Eine Werkanleitung für diesen Bibeleinband findet sich im vorliegenden Heft auf Seite 20.

KURSAUSSCHREIBUNGEN

Multiplikatorenkurse

Die Kurse richten sich an einen Personenkreis, der sich mit der Pädagogik der *Religionspädagogischen Praxis* bereits auseinandergesetzt hat und sie anwendet. Der Blick richtet sich vor allem auf die persönliche Vertiefung im eigenen Glaubensleben und die kompetente Vermittlung im jeweiligen Arbeitsbereich.
Folgende Kurse finden in Form von Wochenendseminaren statt, jeweils von Donnerstagabend, 18.00 Uhr bis Sonntagmittag, 13.00 Uhr.
Die Teilnahme an allen Wochenenden ist Voraussetzung für die Aushändigung eines entsprechenden Zertifikats.

Kurs I in Fürstenzell bei Passau

Termine:	**15.–18. Januar, 13.–16. Mai, 11.–14. November 2004,** **10.–13. Februar, 30. Juni–03. Juli 2005**
Ort:	Geistliches Zentrum Fürstenzell
Kosten:	pro Wochenende, incl. Kursgebühr, Unterkunft und Verpflegung 170,- € im DZ, 190,- € im EZ
Kursleitung:	Franz Kett, Religionspädagoge Christine Krammer, Sozialpädagogin, Religionspädagogin Ludwig Wöß, Pfarrer
Anfragen/ Anmeldung:	Geistliches Zentrum, Marienplatz 10, 94081 Fürstenzell Tel: 08502/1578, Fax: 08502/8150, e-mail: gz.fuerstenzell@bistum-passau.de

Kurs II in Tauberbischofsheim/ Baden-Württemberg

Termine:	**18.–21. März, 24.–27. Juni, 18.–21. November 2004,** **10.–13. März, 07.–10. Juli 2005**
Ort:	Bildungshaus St. Michael Tauberbischofsheim
Kosten:	pro Wochenende, incl. Kursgebühr, Unterkunft und Verpflegung 195,- € im DZ, 210,- € im EZ
Kursleitung:	Franz Kett, Religionspädagoge Sabine Koczy, Sozialpädagogin (dipl.) Dr. Robert Koczy, Pastoralreferent
Anfragen/	Bildungshaus St. Michael, Stammbergweg 1, 97941 Tauberbischofsheim
Anmeldung:	Tel: 09341/986-0, Fax: 09341/986-110, e-mail: www.stmichael-tbb.de

Für die in Heft 2003/2 ausgeschriebenen Kurse Einführung in die Sinnorientierte Pädagogik vom 01. – 05. Dezember 2003 und das Wochenende im Advent vom 05. –07. Dezember 2003 in Steinerskirchen bei Ingolstadt sind noch einige Plätze frei.
Anmeldung: Franz Kett, Irisstraße 4, 82194 Gröbenzell

Sr. Esther Kaufmann und Pater Dr. Meinulf Blechschmidt veranstalten Seminare in Spabrücken bei Bad Kreuznach.
Anfragen an: Sr. Esther Kaufmann, Klostergemeinschaft, 55595 Spabrücken